단계별로 실력을 키워가는

うきうき
우 키 우 키

 **일본어**

STEP ❸

단계별로 실력을 키워 가는
new 우키우키 일본어 STEP 3

지은이 **강경자**
감수자 **온즈카 치요(恩塚千代)**
펴낸이 **안용백**
펴낸곳 **(주)넥서스**

초판 1쇄 발행 2005년 12월 25일
초판 10쇄 발행 2016년 1월 15일

2판 1쇄 인쇄 2016년 3월 10일
2판 1쇄 발행 2016년 3월 25일

출판신고 1992년 4월 3일 제311-2002-2호
04044 서울시 마포구 양화로 8길 24
Tel (02)330-5500 Fax (02)330-5555

ISBN 979-11-5752-710-6 14730
      979-11-5752-707-6 14730 (SET)

www.nexusbook.com
넥서스Japanese는 (주)넥서스의 일본어 전문 브랜드입니다.

단계별로 실력을 키워가는

NEW うきうき

우 키 우 키

일본어

STEP 3

강경자 지음 · 온즈카 치요 감수

넥서스 JAPANESE

첫머리에

어떻게 하면 쉽고 재미있게 일본어를 배울 수 있을까? 어떻게 하면 어디서든 인정받을 만한 완벽한 일본어 실력을 갖출 수 있을까? 현재 일본어를 배우고 있는 학습자나 앞으로 배우고자 하는 사람들에겐 영원한 숙제와도 같은 질문일 것입니다.

필자는 온·오프라인을 통해 오랫동안 일본어를 가르쳐 오면서 역시 이와 비슷한 의문을 가지고 있었습니다. 어떻게 하면 쉽고 재미있게 일본어를 가르쳐줄 수 있을까? 문법을 기초부터 탄탄하게 다져주면서 네이티브 같은 회화 감각을 길러주고, 게다가 어떤 표현도 자신있게 말할 수 있는 풍부한 어휘와 한자 실력까지 갖추도록 도와주고 싶은 마음이 간절하였습니다.

요즘은 예전에 비해서 좋은 교재들이 많이 출간되었고 여러 학원이나 학교에서 검증된 교재를 채택하여 사용하고 있지만, 막상 일본어를 학습하거나 가르치기 위해 좋은 책을 추천해 달라는 부탁을 받으면 고민하게 되는 것이 사실입니다. 왜냐하면 나름대로의 장점을 가지고 있는 일본어 교재는 많이 있지만, 완벽하게 일본어 학습상의 필요를 충족시켜 주는 체계적인 교재는 별로 없기 때문입니다.

일본어는 한국어와 여러 면에서 비슷한 언어 특성상 다른 언어에 비해 보다 쉽게 배울 수 있음에도, 효과적으로 일본어를 배우거나 가르칠 수 있는 교재는 많지 않았습니다. 예를 들어 회화는 연습이 중요한데, 간단한 문형 연습이 있는 교재는 많아도 기초 문법을 활용하여 실제 회화 연습을 할 수 있는 교재는 거의 없었습니다. 또한 일본어 학습자들이 가장 어려워하는 한자의 경우, 한자를 차근차근 익힐 수 있도록 한 교재는 참 드물었습니다. 더구나 요즘에는 쉽고 편한 길을 좋아하는 사람들의 심리를 이용하여 몇 마디 표현만 그때그때 익히도록 하는 흥미 위주의 교재도 눈에 많이 띄었습니다.

이러한 현실 속에서 조금이나마 일본어 학습과 교육에 도움이 되고자 하는 바람에서 이 책을 쓰게 되었습니다. 교재가 완성되어 가는 과정을 보면서 역시 부족한 점이 눈에 띄고 아쉬움이 많이 남지만, 기초 문법을 탄탄히 다지면서 실전 회화 감각을 익힐 수 있는 학습자들을 배려한 최고의 교재임을 자부합니다.

아무쪼록 이 교재가 일본어를 가르치거나 배우는 모든 분들에게 참으로 유익한 책이 되길 간절히 바라며, 끝으로 이 책이 출판되기까지 애써 주신 넥서스저패니즈의 여러 관계자 분들께 감사드립니다.

강경자

추천의 글

본 『우키우키 일본어』시리즈는 주로 일본어 학원에서 쓰일 것을 염두에 두고 만들어졌으며, 등장인물은 회사원으로 설정되어 있다. 따라서, 각 과의 회화문은 대학 수업용으로 만들어진 교과서에 자주 나오는 학생과 학교 활동이 중심이 된 회화가 아닌, 일반적이고 보편적인 내용으로 구성되어 있다. 그래서 회사원은 물론이고 학생, 주부에 이르기까지 일본어를 처음 배우는 사람이 실제로 쓸 수 있는 표현을 단시간에 몸에 익힐 수 있도록 되어 있다.

본 교재는 기본적으로는 문형과 표현을 중심으로 명사문, 형용사문(い형용사·な형용사), 동사문과 기초 문법에 따라 차례대로 학습해 가도록 구성되어 있고, 각 과별로 다양한 장면을 설정한 연습문제와 FUN&TALK라는 자유로운 형식의 회화 연습문제도 있다. 즉, 일방적인 전달식 강의용 교재가 아니라 적극적으로 회화에 참가할 수 있도록 배려하여 강사의 교재 활용에 따라 수업 활동을 더욱 활발하게 전개시킬 수 있을 것이다.

또한, 본 교재의 특징으로 회화 안에서 사용되고 있는 어휘가 실제로 일본에서 쓰이고 있는 일상용어라는 점에 주목하고 싶다. 원래 교과서에서는 '휴대전화(携帯電話)'나 '디지털 카메라(デジタルカメラ)'와 같은 생략되지 않은 사전 표제어 같은 형태가 제시되는 것이 기본이지만, 본 교재는 학습자가 일본인이 실제로 회화에서 쓰는 말을 알고 싶어하는 요구를 반영하여 'ケータイ', 'デジカメ'와 같은 준말 형태의 외래어(가타카나어)를 제시하였다.

이 교재만의 두드러지는 특징 가운데 또 하나는 일본어 초급 교재에서는 잘 볼 수 없는 한자와 외래어(가타카나어) 쓰기 연습이 제공되고 있다는 점이다. 한국어를 모국어로 하는 학습자는 비교적 일본어 학습 능력이 뛰어나다고 할 수 있으나 한자나 가타카나 표기가 서투르거나 잘 모르는 경우가 많다. 수업 중에 짬짬이 이러한 표기법이나 한자의 의미 등을 접할 기회를 고려하고 있는 점이 본 교재의 새롭고 뛰어난 점이라고 말할 수 있을 것이다.

덧붙여, 각 과마다 재미있는 삽화를 넣어 학습자가 학습 내용을 보다 쉽게 이해하고, 학습 의욕을 불러일으킬 수 있도록 하였다.

이처럼 다양한 학습상의 배려가 돋보이는 교재라는 점을 고려하여 많은 학원과 학교에서 쓰이기를 권한다.

恩塚 千代

구성과 특징

Dialogue

일상생활에서 흔히 접할 수 있는 주제를 중심으로 한 실제 회화로 이루어져 있습니다. 이 본문 회화에는 우리가 반드시 알아야 할 기초 문법과 어휘가 들어 있어서 자연스럽게 어휘, 문법, 회화를 동시에 익힐 수 있습니다. 무엇보다 처음 접하는 본문의 어려움을 최소화하기 위해서 본문 내용을 만화로 보여줌으로써 보다 재미있고 쉽게 공부할 수 있도록 배려하였습니다.

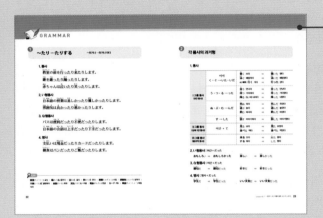

Grammar

문법과 문형 파트에선 Dialogue에 나온 기초 문법을 보다 더 체계적이고 꼼꼼하게 학습할 수 있도록 예문을 제시하되 중요 문법인 경우 각 품사별 문형을 보여줌으로써 정확한 문법의 이해를 돕고 있습니다. 새로운 단어의 경우 어휘 풀이를 넣어 스스로 예문을 해석할 수 있도록 하였습니다.

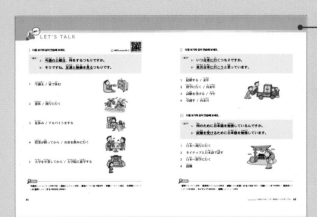

Let's Talk

이 교재의 가장 큰 특징 중의 하나는 본문과 문법 파트를 통해 익힌 문법과 회화 감각을 최대한 길러 주는 회화 연습이 풍부하다는 것입니다. 대부분의 일본어 기초 교재가 단순한 문형 연습에 그친 것에 반해 이 책의 회화 연습 코너는 쉽고 재미있는 문제를 풍부하게 제공하고 있어 단시간에 문법과 회화를 자신의 것으로 만들 수 있는 장점이 있습니다. 또한 연습 문제를 청취 연습으로도 활용할 수 있게 함으로써 소홀해지기 쉬운 청취 부분을 더욱 강화하였습니다. 이를 통해 말하고 듣는 훈련 과정을 최대한 쉽게 소화해 낼 수 있도록 하였습니다.

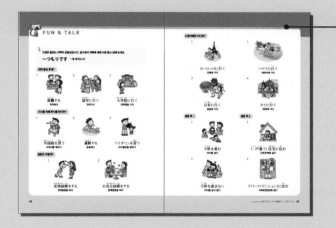

Exercise

각 과마다 작문 문제를 5개씩 담았습니다. 각 과에서 학습한 주요 문법을 활용하여 기초적인 표현을 다시 짚어 봄으로써 읽고 말하고 듣고 쓸 수 있는 능력을 기를 수 있도록 하였습니다.

일본어 한자의 음독·훈독을 확인하고 쓰기 연습을 함으로써, 한자에 대한 기초 실력을 처음부터 탄탄히 쌓아갈 수 있도록 하였습니다. 난이도는 일본어능력시험 N3~N4 정도의 수준을 기준으로 하여 시험에도 자주 출제되는 중요하고 기초적인 한자입니다.

외래어 역시 최근에 들어서는 그 중요성이 더욱 강조되고 있는 만큼 1과~9과까지는 3개씩, 10과~18과까지는 2개씩 수록하여 외래어를 확실하게 익힐 수 있습니다.

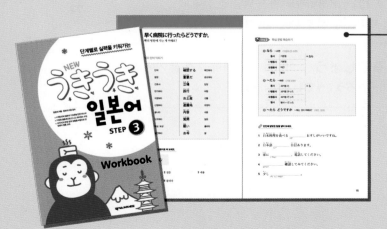

Fun & Talk

마지막 파트에는 게임처럼 즐기며 자유롭게 회화를 할 수 있는 코너입니다. 이는 일반적으로 한인 회화 연습 시간에 사용되는 게임식 회화 자료로서, 기초 문법과 회화 연습을 마친 학습자의 경우 충분히 활용해 볼 수 있는 코너입니다. 이 코너를 통해 상황에 맞는 유창한 일본어 회화 실력을 재미있게 키워 나갈 수 있을 것입니다.

Workbook

각 Lesson에서 배운 단어, 문법, 회화 표현을 확인할 수 있도록 워크북을 별책으로 제공합니다. 문제를 풀면서 실력을 확인해 보세요.

 차례

STEP 3

STEP 4

단계별로 실력을 키워가는

NEW

うきうき
우　키　우　키

일본어

ちょっとケータイを借りてもいいですか。

잠깐 휴대폰을 빌려도 될까요?

💬 Dialogue

🎧 MP3 01-1

姜： 山田さん、ちょっとケータイを借りても
いいですか。

山田： いいですよ。どうぞ。
姜さんのケータイはどうしたんですか。

姜： 実はこの前、居酒屋でお酒を飲んで…。

山田： あ、どこかに落してしまったんですね。

姜： ハハ。当り！ そうなんです。
新しいケータイがほしいんですけど、かなり高いですね。

山田： でも、安いのもあるんじゃないですか。

姜： もちろん、ありますよ。
でも、高くてもいいですから最新型がほしいです。

山田： だからいつも赤字なんですよ。姜さんは…。

강한척： 야마다 씨, 잠깐 휴대폰을 빌려도 될까요?

야마다： 네. 쓰세요.
한척 씨 휴대폰은 어떻게 하신 거죠?

강한척： 실은 저번에 술집에서 술을 마시고서…….

야마다： 아~, 어딘가에서 잃어버리고 말았군요.

강한척： 하하. 정답! 그렇습니다.
새 휴대폰을 갖고 싶은데 꽤 비싸네요.

야마다： 하지만 싼 것도 있지 않나요?

강한척： 물론 있지요.
하지만 비싸도 좋으니까 최신형을 갖고 싶어요.

야마다： 그러니까 항상 적자인 거예요. 한척 씨는….

🔍 단어

ケータイ 휴대폰 | **借(か)りる** 빌리다 | **実(じつ)は** 실은 | **この前(まえ)** 전번, 요전 | **居酒屋(いざかや)** 술집 | **どこかに** 어딘가에 |
落(おと)す 떨어뜨리다, 잃어버리다 | **当(あた)り** 맞음, 명중 | **新(あたら)しい** 새롭다 | **ほしい** 갖고 싶다 | **かなり** 꽤, 상당히 | **高(た
か)い** 비싸다 | **でも** 하지만 | **安(やす)い** 싸다 | **最新型(さいしんがた)** 최신형 | **だから** 그러니까 | **いつも** 항상 | **赤字(あかじ)** 적자

GRAMMAR

① **〜てもいいです**　　　　　〜해도 좋습니다〈허가〉

❶ **동사**

インターネットで申し込んでもいいです。

予約をキャンセルしてもいいです。

❷ **い형용사**

サイズは小さくてもいいです。

部屋は狭くてもいいです。

❸ **な형용사**

交通は少し不便でもいいです。

料理は下手でもいいです。

❹ **명사**

安い物でもいいです。

中古車でもいいです。

❺ **의문사**

何でもいいです。

いつでもいいです。

だれでもいいです。

🔍**단어** -

インターネット 인터넷 ｜ **申(もう)し込(こ)む** 신청하다 ｜ **予約(よやく)** 예약 ｜ **キャンセルする** 취소하다 ｜ **サイズ** 사이즈 ｜ **狭(せま)い** 좁다 ｜ **交通(こうつう)** 교통 ｜ **少(すこ)し** 좀, 조금 ｜ **不便(ふべん)だ** 불편하다 ｜ **中古車(ちゅうこしゃ)** 중고차

❷ 〜てはいけません 〜てはだめです

〜해서는 안 됩니다 〈금지〉

❶ 동사

危ない所に行ってはいけません。（= てはだめです）

うそをついてはいけません。（= てはだめです）

❷ い형용사

値段は高くてはいけません。（= てはだめです）

駅が遠くてはいけません。（= てはだめです）

❸ な형용사

交通が不便ではいけません。（= ではだめです）

日本語が下手ではいけません。（= ではだめです）

❹ 명사

古いモデルではいけません。（= だめです）

この成績ではいけません。（= ではだめです）

 단어

危(あぶ)ない 위험하다 | **所(ところ)** 곳, 장소 | **うそをつく** 거짓말을 하다 | **値段(ねだん)** 가격 | **駅(えき)** 역 | **遠(とお)い** 멀다 | **モデル** 모델 | **成績(せいせき)** 성적

LET'S TALK

I 다음 보기와 같이 연습해 보세요.

 MP3 Lesson 01-2

| 보기 |

A: ここでタバコを吸ってもいいですか。

B: いいえ、タバコを吸ってはいけません。

1 教室でお酒を飲む

2 2〜3日会社を休む

3 全部食べる

4 ここで写真を撮る

5 授業中、韓国語で話す

🔍 단어 --

タバコを吸(す)う 담배를 피우다 | **教室(きょうしつ)** 교실 | **お酒(さけ)を飲(の)む** 술을 마시다 | **休(やす)む** 쉬다 | **全部(ぜんぶ)** 전부 |
写真(しゃしん)を撮(と)る 사진을 찍다 | **授業中(じゅぎょうちゅう)** 수업 중

Ⅱ 다음 보기와 같이 연습해 보세요.

|보기|

A: 写真を見てもいいですか。

B: はい、いいですよ。/

いいえ、いけません。

1 遊びに行く

2 ドアを開ける

3 デザインが古い

4 日本語が下手だ

5 安いプレゼント

🔍단어 -

遊(あそ)ぶ 놀다 ┃ ドア 문 ┃ 開(あ)ける 열다 ┃ デザイン 디자인 ┃ 古(ふる)い 낡다, 오래되다 ┃ プレゼント 선물

EXERCISE

다음 빈칸에 알맞은 말을 넣어 보세요.

❶ 언제든지 놀러 와도 좋습니다.

いつでも ________________

❷ 무엇이든 사용해도 됩니다.

何(なん)でも ________________

❸ 결석하면 안 됩니다.

欠席(けっせき) ________________

❹ 술을 마시고 운전해서는 안 됩니다.

お酒(さけ)を ________________

❺ 돈이 없어도 됩니다.

お金(かね)が ________________

단어

何(なん)**でも** 무엇이든 | **使**(つか)**う** 사용하다 | **欠席**(けっせき) 결석 | **運転**(うんてん) 운전 | **ない** 없다

高
높을 고

음독 こう	훈독 高(たか)い	` 亠 亠 亠 亡 高 高 高 高 高

高	高	高	高	高	高

休
쉴 휴

음독 きゅう	훈독 休(やす)む	ノ イ 仁 什 休 休

休	休	休	休	休	休

高速
고 속

高速	高速	高速	高速	高速	高速

高級
고 급

高級	高級	高級	高級	高級	高級

休暇
휴 가

休暇	休暇	休暇	休暇	休暇	休暇

休日
휴 일

休日	休日	休日	休日	休日	休日

キャンセル 취소

キャンセル	キャンセル	キャンセル	キャンセル

デザイン 디자인

デザイン	デザイン	デザイン	デザイン

FUN & TALK

지금은 수업 중입니다. 역할을 정하여 수업 중에 해도 되는 것과
해서는 안 되는 것에 대해 얘기해 보세요.

電話をする
전화를 하다

お酒を飲む
술을 마시다

タバコを吸う
담배를 피우다

質問する
질문하다

いたずらをする
장난치다

踊る
춤추다

漫画を読む
만화를 보다

となりの人と話す
옆 사람과 이야기하다

お弁当を食べる
도시락을 먹다

一杯<ruby>(いっ)</ruby>やったり歌<ruby>(うた)</ruby>を歌<ruby>(うた)</ruby>ったりします。

술을 한잔하거나 노래를 부르거나 합니다.

표현 익히기 | 열거 표현 〜たり …たりする / 각 품사의 과거형

무슨 일 있어요, 야마다 씨? 기운이 없네요.

요즘 여러 가지로 스트레스가 쌓여서……

민아 씨는 스트레스가 쌓였을 때 어떻게 합니까?

제 스트레스 해소법이요?

친구와 술을 한잔하거나

노래방에서 노래를 부르거나 …….

그렇군요. 그래서 민아 씨는 스트레스가 없군요.

거의 매일 스트레스 해소를 하니까.

호호. 하지만 돈을 낼 때는 스트레스 받아요.

💬 Dialogue

🎧 MP3 02-1

ナ： どうしたんですか、山田さん？

　　 元気がないですね。

山田： このごろ、いろいろとストレスがたまっちゃって…。

　　 ナさんはストレスがたまった時、どうしますか。

ナ： 私のストレス解消法ですか。

　　 友だちと一杯やったり、カラオケで歌を歌ったり…。

山田： なるほど。それでナさんはストレスがないんですね。

　　 ほとんど毎日ストレス解消をするから。

ナ： フフ。でもお金を払う時はストレスがたまりますよ。

나민아: 무슨 일 있어요, 야마다 씨?
　　　　기운이 없네요.
야마다: 요즘 여러 가지로 스트레스가 쌓여서…….
　　　　민아 씨는 스트레스가 쌓였을 때 어떻게 합니까?
나민아: 제 스트레스 해소법이요?
　　　　친구와 술을 한잔하거나 노래방에서 노래를 부르거나…….
야마다: 그렇군요. 그래서 민아 씨는 스트레스가 없군요.
　　　　거의 매일 스트레스 해소를 하니까.
나민아: 호호. 하지만 돈을 낼 때는 스트레스 받아요.

元気(げんき) 기운, 힘, 건강 ｜ **このごろ** 요즘, 근래 ｜ **いろいろと** 여러 가지로 ｜ **ストレスがたまる** 스트레스가 쌓이다 ｜ **解消法**(かいしょうほう) 해소법 ｜ **一杯**(いっぱい)**やる** 한잔하다 ｜ **~たり** ~하거나 ｜ **カラオケ** 노래방 ｜ **なるほど** 과연 ｜ **それで** 그래서 ｜ **ほとんど** 거의 ｜ **でも** 하지만 ｜ **お金**(かね) 돈 ｜ **払**(はら)**う** 돈을 내다, 지불하다

GRAMMAR

1 **〜たり …たりする**   〜하거나 …하거나 하다

❶ 동사

教室の前を行ったり来たりします。

歌を歌ったり踊ったりします。

赤ちゃんは泣いたり笑ったりします。

❷ い형용사

日本語の授業は易しかったり難しかったりします。

雰囲気は良かったり悪かったりします。

❸ な형용사

バスは便利だったり不便だったりします。

日本語の会話は上手だったり下手だったりします。

❹ 명사

支払いは現金だったりカードだったりします。

朝食はパンだったりご飯だったりします。

 단어 -

教室(きょうしつ) 교실 | 踊(おど)る 춤추다 | 赤(あか)ちゃん 아기 | 泣(な)く 울다 | 笑(わら)う 웃다 | 授業(じゅぎょう) 수업 | 雰囲気(ふんいき) 분위기 | 不便(ふべん)だ 불편하다 | 会話(かいわ) 회화 | 支払(しはら)い 지불 | 現金(げんきん) 현금 | カード 카드 | 朝食(ちょうしょく) 아침식사

② 각 품사의 과거형

❶ 동사

Ⅰ그룹 동사 (5단 동사)	어미 く・ぐ → いた・いだ	書く 쓰다　　➡　書いた 썼다 泳ぐ 헤엄치다　➡　泳いだ 헤엄쳤다 예외 行く 가다　➡　行った 갔다
	う・つ・る → った	会う 만나다　　➡　会った 만났다 待つ 기다리다　➡　待った 기다렸다 降る (눈, 비) 내리다　➡　降った 내렸다
	ぬ・ぶ・む → んだ	死ぬ 죽다　　➡　死んだ 죽었다 遊ぶ 놀다　　➡　遊んだ 놀았다 飲む 마시다　➡　飲んだ 마셨다
	す → した	話す 이야기하다　➡　話した 이야기했다
Ⅱ그룹 동사 (상하 1단 동사)	어간 + て	見る 보다　　➡　見た 보았다 食べる 먹다　➡　食べた 먹었다
Ⅲ그룹 동사 (불규칙 동사)		来る 오다　➡　来た 왔다 する 하다　➡　した 했다

❷ い형용사 : 어간＋だった

おもしろい ➡ おもしろかった　　　楽しい　➡ 楽しかった

❸ な형용사 : 어간＋だった

親切だ ➡ 親切だった　　　好きだ ➡ 好きだった

❹ 명사 : 명사＋だった

学生だ ➡ 学生だった　　　いい天気だ ➡ いい天気だった

LET'S TALK

Ⅰ 다음 그림을 보면서 연습해 보세요.　　　　🎧 MP3 Lesson 02-2

> | 보기 |
>
> A: 暇な時、何をしますか。
>
> B: 映画を見たり、友だちに会ったりします。

1　インターネットをする / ゲームをする

2　本を読む / 音楽を聞く

3　お酒を飲む / タバコを吸う

4　テレビを見る / ごろごろする

5　買い物をする / 料理を作る

 단어

インターネットをする 인터넷을 하다 ┃ **ゲームをする** 게임을 하다 ┃ **タバコを吸(す)う** 담배를 피우다 ┃ **ごろごろする** 빈둥거리다 ┃
買(か)い物(もの)をする 쇼핑을 하다, 물건을 사다

26

Ⅱ 다음 보기와 같이 연습해 보세요.

> |보기|
>
> A: 日本語（にほんご）の授業（じゅぎょう）はどうですか。
>
> B: 面白（おもしろ）かったりつまらなかったりします。

1　日本語（にほんご）の授業（じゅぎょう） / 易（やさ）しい / 難（むずか）しい

2　成績（せいせき） / 良（よ）い / 悪（わる）い

3　天気（てんき） / 暖（あたた）かい / 寒（さむ）い

4　日本語（にほんご）の会話（かいわ） / 上手（じょうず）だ / 下手（へた）だ

5　クラスの雰囲気（ふんいき） / 静（しず）かだ / 賑（にぎ）やかだ

🔍 **단어**

授業(じゅぎょう) 수업 ｜ 易(やさ)しい 쉽다 ｜ 難(むずか)しい 어렵다 ｜ 成績(せいせき) 성적 ｜ 上手(じょうず)だ 능숙하다, 잘하다 ｜ 下手(へた)だ 서투르다, 잘 못하다 ｜ 雰囲気(ふんいき) 분위기 ｜ 静(しず)かだ 조용하다 ｜ 賑(にぎ)やかだ 번화하다

Ⅲ 다음 그림을 보면서 연습해 보세요.

> | 보기 |
>
> A: 図書館では何をしますか。
>
> B: 本を借りたり勉強したりします。

1 公園 / 散歩する / デートをする

2 カラオケ / 歌を歌う / 踊る

3 喫茶店 / コーヒーを飲む / 友達に会う

4 コンビニ / カップラーメンを食べる / お菓子を買う

5 郵便局 / 手紙を出す / 小包を送る

6 教室 / 勉強する / お弁当を食べる

🔍 단어 --

公園(こうえん) 공원 | **散歩(さんぽ)する** 산책하다 | **デートをする** 데이트를 하다 | **喫茶店(きっさてん)** 찻집 | **コンビニ** 편의점 |
カップラーメン 컵라면 | **お菓子(かし)** 과자 | **郵便局(ゆうびんきょく)** 우체국 | **手紙(てがみ)を出(だ)す** 편지를 부치다 | **小包(こづつ
み)を送(おく)る** 소포를 보내다 | **教室(きょうしつ)** 교실 | **お弁当(べんとう)** 도시락

EXERCISE

다음 빈칸에 알맞은 말을 넣어 보세요.

❶ 아기가 울기도 하고 웃기도 합니다. (泣く / 笑う)

赤ちゃんが _____

❷ 성적이 오르기도 하고 내려가기도 합니다. (上がる / 下がる)

成績が _____

❸ 드라마는 재미있기도 하고 시시하기도 합니다. (面白い / つまらない)

ドラマは _____

❹ 사람에 따라 친절하기도 하고 불친절하기도 합니다. (親切だ / 不親切だ)

人によって _____

❺ 교통수단은 전철이기도 하고 버스이기도 합니다. (電車 / バス)

交通手段は _____

 단어 --

赤(あか)ちゃん 아기 ㅣ **泣(な)く** 울다 ㅣ **笑(わら)う** 웃다 ㅣ **成績(せいせき)** 성적 ㅣ **上(あ)がる** 올라가다 ㅣ **下(さ)がる** 내려가다 ㅣ **ドラ マ** 드라마 ㅣ **つまらない** 시시하다 ㅣ **〜によって** 〜에 의해 ㅣ **不親切(ふしんせつ)だ** 불친절하다 ㅣ **交通手段(こうつうしゅだん)** 교통수 단 ㅣ **電車(でんしゃ)** 전철

EXERCISE

作 만들 작
음독 さく / さ / さっ 훈독 作(つくる) ノ イ イ 乍 作 作 作

| 作 | 作 | 作 | 作 | 作 | 作 |

教 가르칠 교
음독 きょう 훈독 教(おしえる) 丶 十 土 耂 耂 孝 孝 孝 孝 教 教

| 教 | 教 | 教 | 教 | 教 | 教 |

作文 작문 (さく ぶん)

| 作文 | 作文 | 作文 | 作文 | 作文 | 作文 |

作家 작가 (さっ か)

| 作家 | 作家 | 作家 | 作家 | 作家 | 作家 |

教室 교실 (きょう しつ)

| 教室 | 教室 | 教室 | 教室 | 教室 | 教室 |

教育 교육 (きょう いく)

| 教育 | 教育 | 教育 | 教育 | 教育 | 教育 |

외래어 연습

ストレス 스트레스

| ストレス | ストレス | ストレス | ストレス |

プレゼント 선물

| プレゼント | プレゼント | プレゼント | プレゼント |

다음 그림을 보면서 질문하는 사람이 동작을 나타내는 표현을 말하면
듣는 사람은 그에 해당하는 장소를 말해 보세요.

ここでは買(か)い物(もの)をしたり食事(しょくじ)をしたりします。
ここはどこですか。

図書館(としょかん)
도서관

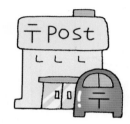

郵便局(ゆうびんきょく)
우체국

学校(がっこう)
학교

チムジルバン
찜질방

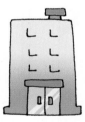

会社(かいしゃ)
회사

コーヒーショップ
커피숍

公園(こうえん)
공원

遊園地(ゆうえんち)
놀이동산

土曜日にも残業をしなければなりません。

토요일에도 잔업을 해야 합니다.

表現 익히기 의무 표현 ～なければならない / ～なくてもいい / ～のに(역접)

💬 Dialogue

姜：田中さん。

来週の土曜日、朴さんのチプトゥリに行きませんか。

田中：え、チプトゥリって何ですか。

姜：引越し祝いパーティーです。

田中：そうですか。行きたいですけど、この頃忙しくて、

土曜日にも残業をしなければなりません。

姜：そうですか。残念ですね。

せっかくナさんも行くのに…。

田中：え、ナさんも行くんですか。じゃ、行、行きますよ。

やっぱり土曜日まで働かなくてもいいですね。ハハ。

강한척：다나카 씨. 다음 주 토요일, 박 씨의 집들이에 가지 않을래요?

다나카：앗, 집들이가 뭐예요?

강한척：이사 축하 파티예요.

다나카：그래요? 가고 싶은데 요즘 바빠서 토요일에도 잔업을 해야 합니다.

강한척：그래요? 안됐네요.

모처럼 민아 씨도 가는데…….

다나카：아, 민아 씨도 가나요? 그럼, 가, 갈게요.

역시 토요일까지 일하지 않아도 돼죠. 하하.

 단어 -

来週(らいしゅう) 다음 주 ┃ **引越**(ひっこ)**し** 이사 ┃ **祝**(いわ)**い** 축하 ┃ **パーティー** 파티 ┃ **招待**(しょうたい)**する** 초대하다 ┃ **この頃**(ご
ろ) 요즘 ┃ **忙**(いそが)**しい** 바쁘다 ┃ **残業**(ざんぎょう) 잔업, 야근 ┃ **残念**(ざんねん)**だ** 안타깝다, 아쉽다 ┃ **せっかく** 모처럼 ┃ **～のに**
～인데도 ┃ **やっぱり** 역시 ┃ **働**(はたら)**く** 일하다

GRAMMAR

～なければならない ～하지 않으면 안 된다, ～해야만 한다

❶ 동사

漢字を覚えなければなりません。

土曜日にも残業しなければなりません。

❷ い형용사

新しくなければなりません。

面白くなければなりません。

❸ な형용사

静かでなければなりません。

新鮮でなければなりません。

❹ 명사

あなたでなければなりません。

今日でなければなりません。

漢字(かんじ) 한자 | **覚**(おぼ)**える** 외우다, 암기하다 | **新鮮**(しんせん)**だ** 신선하다

2

～なくてもいい

❶ 동사
そんなに心配（しんぱい）しなくてもいいです。
週末（しゅうまつ）には働（はたら）かなくてもいいです。

❷ い형용사
新（あたら）しくなくてもいいです。
広（ひろ）くなくてもいいです。

❸ な형용사
静（しず）かでなくてもいいです。
上手（じょうず）でなくてもいいです。

❹ 명사
あなたでなくてもいいです。
今日（きょう）でなくてもいいです。

3

～のに

～인데도, ～한데도 〈역접〉

접속	동사 (る / ている / た)	い형용사 (い / かった)
	な형용사 (な / だった)	명사 (な / だった)

いっぱい食（た）べたのに、また食（た）べたいです。
彼（かれ）はハンサムなのに、人気（にんき）がありません。
明日（あした）が試験（しけん）なのに、遊（あそ）んでいます。

🔍 **단어** --

そんなに 그렇게 ｜ **心配(しんぱい)する** 걱정하다 ｜ **週末(しゅうまつ)** 주말 ｜ **いっぱい** 가득 ｜ **また** 또, 다시 ｜ **ハンサムだ** 잘생기다 ｜
人気(にんき) 인기 ｜ **試験(しけん)** 시험

LET'S TALK

I 다음 보기를 보면서 연습해 보세요.

🎧 MP3 Lesson 03-2

|보기|
A: あなたの会社にはどんな規則がありますか。

B: 私の会社は、8時までに出勤しなければなりません。

1 土曜日にも仕事をする

2 毎月テストを受ける

3 ユニフォームを着る

4 毎週報告書を書く

5 毎年研修に行く

단어 --

規則(きそく) 규칙 | **仕事**(しごと)**をする** 일을 하다 | **毎月**(まいつき) 매달 | **テストを受**(う)**ける** 시험을 치다 | **ユニフォーム** 유니폼, 제복 | **着**(き)**る** 입다 | **報告書**(ほうこくしょ) 보고서 | **毎年**(まいとし) 매년 | **研修**(けんしゅう) 연수

II 다음 보기를 보면서 연습해 보세요.

> |보기|
>
> A: 土曜日にも仕事をしなければなりませんか。
>
> B: はい、しなければなりません。/
>
>   いいえ、しなくてもいいです。

1 土曜日にも会社に行く / いいえ

2 全部読む / いいえ

3 朝早く起きる / はい

4 試験を受ける / はい

5 毎日運動する / いいえ

全部(ぜんぶ) 전부 ┃ 朝早(あさはや)く 아침 일찍 ┃ 運動(うんどう)する 운동하다

Ⅲ 다음 보기를 보면서 연습해 보세요.

| 보기 |

A: レポートを書かなくてもいいですか。

B: いいえ、レポートは書かなければなりません。

1 日本語で話す

2 履歴書を出す

3 ドアを閉める

4 予約をする

5 会社に連絡する

🔍 단어 --

レポートを書(か)く 리포트를 쓰다 ｜ **履歴書(りれきしょ)を出(だ)す** 이력서를 제출하다 ｜ **ドアを閉(し)める** 문을 닫다 ｜ **予約(よやく)** 예약 ｜ **連絡(れんらく)する** 연락하다

다음 빈칸에 알맞은 말을 넣어 보세요.

① 약속은 지켜야 합니다. (約束を守る)

約束は _____

② 내일까지 결정해야 합니다. (決める)

明日までに _____

③ 시험에 합격해야 합니다. (合格する)

試験に _____

④ 일본어로 쓰지 않아도 됩니다. (日本語で書く)

日本語で _____

⑤ 그렇게 긴장하지 않아도 됩니다. (緊張する)

そんなに _____

🔍 단어 --

約束(やくそく) 약속 ｜ **守**(まも)**る** 지키다 ｜ **決**(き)**める** 정하다 ｜ **合格**(ごうかく)**する** 합격하다 ｜ **そんなに** 그렇게 ｜ **緊張**(きんちょう)
する 긴장하다

한자 연습

待 기다릴 대

음독 たい　훈독 待(ま)つ　ノ ノ イ イ イ 往 往 待 待

| 待 | 待 | 待 | 待 | 待 | 待 |

話 말할 화

음독 わ　훈독 話(はな)す　` 丶 二 言 言 言 計 計 話 話 話

| 話 | 話 | 話 | 話 | 話 | 話 |

期待 기　대

| 期待 | 期待 | 期待 | 期待 | 期待 | 期待 |

招待 초　대

| 招待 | 招待 | 招待 | 招待 | 招待 | 招待 |

会話 회　화

| 会話 | 会話 | 会話 | 会話 | 会話 | 会話 |

話題 화　제

| 話題 | 話題 | 話題 | 話題 | 話題 | 話題 |

외래어 연습

ユニフォーム 유니폼

| ユニフォーム | ユニフォーム | ユニフォーム | ユニフォーム |

レポート 리포트

| レポート | レポート | レポート | レポート |

FUN & TALK

여행 준비를 하고 있습니다. 여행할 때 꼭 필요한 사항과 필요없는 사항에서 말해 보세요.

何をしなければなりませんか。

デジカメを持っていく
디지털카메라를 가져가다

ホテルを予約する
호텔을 예약하다

飛行機で行く
비행기로 가다

お弁当を作る
도시락을 싸다

ビザを取る
비자를 받다

パスポートを作る
여권을 만들다

ガイドが案内する
가이드가 안내하다

両替する
환전하다

英語で話す
영어로 말하다

まっすぐ行くと消防署があります。

곧장 가면 소방서가 있어요.

표현 익히기 가정 표현 ~ば와 ~と / ~ので(순접, 이유)

💬 Dialogue

山田(やまだ)：ナさん、日本大使館(にほんたいしかん)がどこにあるか
　　　知(し)っていますか。

ナ：はい、知(し)っていますよ。光化門(グァンファムン)の近(ちか)くにあります。

山田(やまだ)：じゃ、光化門駅(グァンファムンえき)からどう行(い)けばいいか教(おし)えてください。

ナ：光化門駅(グァンファムンえき)からですか。

　　えーと、光化門駅(グァンファムンえき)の2番出口(にばんでぐち)を出(で)て、まっすぐ行(い)くと
　　消防署(しょうぼうしょ)があります。消防署(しょうぼうしょ)まで行(い)くと、消防署(しょうぼうしょ)の後(うし)ろ
　　の方(ほう)に日本大使館(にほんたいしかん)のビルが見(み)えますよ。

山田(やまだ)：そうですか。ありがとうございます。
　　　ナさんはソウルの地理(ちり)に明(あか)るいですね。

ナ：暇(ひま)な時(とき)、あっちこっち行(い)ってみるのが趣味(しゅみ)なので…。
　　山田(やまだ)さんの役(やく)に立(た)ってうれしいです。

야마다 : 민아 씨, 일본대사관이 어디에 있는지 아세요?
나민아 : 네, 알아요. 광화문 근처에 있어요.
야마다 : 그럼, 광화문역에서 어떻게 가면 되는지 가르쳐 주세요.
나민아 : 광화문역에서요?
　　　 음~, 광화문역 2번 출구를 나와서 곧장 가면 소방서가 있어요.
　　　 소방서까지 가면 소방서 뒤쪽에 일본대사관 건물이 보입니다.

야마다 : 그래요? 고마워요.
　　　 민아 씨는 서울 지리에 밝네요.
나민아 : 한가할 때 여기저기 다녀보는 것이 취미라서….
　　　 야마다 씨한테 도움이 되어 기쁘네요.

🔍 단어

大使館(たいしかん) 대사관 ┃ **知**(し)**る** 알다 ┃ **近**(ちか)**く** 근처 ┃ **〜ば** 〜(하)면 ┃ **えーと** 음 ┃ **出口**(でぐち) 출구 ┃ **出**(で)**る** 나가다 ┃
まっすぐ 곧장 ┃ **消防署**(しょうぼうしょ) 소방서 ┃ **ビル** 건물 ┃ **見**(み)**える** 보이다 ┃ **地理**(ちり) 지리 ┃ **〜に明**(あか)**るい** 〜에 밝다 ┃
あっちこっち 여기저기 ┃ **〜てみる** 〜해 보다 ┃ **趣味**(しゅみ) 취미 ┃ **役**(やく)**に立**(た)**つ** 도움이 되다

GRAMMAR

1 〜ば

〜(하)면 〈가정〉

1. 동사의 어미 え단 + 〜ば

雨が降れば、行きません。

機会があれば、日本へ遊びに行きたいです。

ナさんが行けば、田中さんも行くでしょう。

2. い형용사의 어간 + 〜ければ

天気が良ければ、ハイキングに行きます。

値段が高ければ、買いません。

忙しければ、来なくてもいいです。

3. い로 끝나는 조동사의 어간 + 〜ければ

泣きたければ、泣いてもいいです。

食べたければ、何でも食べてもいいです。

会社を辞めたければ、辞めてもいいです。

 단어

雨(あめ)が降(ふ)る 비가 오다 ∣ 機会(きかい) 기회 ∣ 天気(てんき) 날씨 ∣ 値段(ねだん) 값, 가격 ∣ 忙(いそが)しい 바쁘다 ∣ 泣(な)く 울다 ∣ 辞(や)める 그만두다

44

2

〜と   ～면

1. 동사의 기본형 +〜と   ～(하)면

この道をまっすぐ行くと駅があります。

このスイッチを押すと電気が消えます。

2に3を足すと5になります。

2. 동사의 ない형 +〜ないと   ～(하)지 않으면

運動しないと太ります。

毎日練習しないと下手になります。

明日までに書類を出さないと入学できません。

3

〜ので   ～이므로 〈순접, 이유〉

접속	동사 (る / ている / た)	い형용사 (い / かった)
	な형용사 (な / だった)	명사 (な / だった)

今日は疲れたので、早く家に帰ります。

熱があるので、少し休みます。

試験を受けなければならないので、勉強します。

🔍 **단어** -

スイッチを押(お)す 스위치를 누르다 | **電気(でんき)が消(き)える** 전기가 꺼지다 | **足(た)す** 더하다 | **運動(うんどう)** 운동 | **太(ふと)る** 뚱뚱해지다, 살찌다 | **練習(れんしゅう)** 연습 | **書類(しょるい)** 서류 | **疲(つか)れる** 지치다, 피곤하다 | **熱(ねつ)がある** 열이 있다 | **休 (やす)む** 쉬다

LET'S TALK

Ⅰ 다음 보기와 같이 연습해 보세요. 🎧 MP3 Lesson 04-2

| 보기 |
> お金_{かね}がある / 旅行_{りょこう}に行_いく
> ➡ お金_{かね}があれば旅行_{りょこう}に行_いきます。

1 あなたが行_いく / 私_{わたし}も行_いく

2 機会_{きかい}がある / 日本_{にほん}に行_いきたい

3 雨_{あめ}が降_ふる / 家_{うち}にいる

4 天気_{てんき}が良_よい / 遊_{あそ}びに行_いく

5 時間_{じかん}がない / 行_いかなくてもいい

 단어

旅行(りょこう)に行(い)く 여행을 가다 | **機会(きかい)** 기회 | **天気(てんき)** 날씨, 일기 | **遊(あそ)びに行(い)く** 놀러 가다

Ⅱ 다음 보기와 같이 연습해 보세요.

> | 보기 |
>
> 春になる / 花が咲く
> ➡ 春になると花が咲きます。

1 ボタンを押す / ドアが開く

2 お金を入れる / 切符が出る

3 1に2を足す / 3になる

4 この道をまっすぐ行く / 駅がある

5 勉強しない / 成績が落ちる

6 何も食べない / やせる

🔍 **단어** --

春(はる) 봄 ┃ ～になる ～가 되다 ┃ 花(はな)が咲(さ)く 꽃이 피다 ┃ ボタンを押(お)す 버튼을 누르다 ┃ お金(かね)を入(い)れる 돈을 넣다 ┃ 切符(きっぷ)が出(で)る 표가 나오다 ┃ 足(た)す 더하다 ┃ まっすぐ行(い)く 똑바로 가다 ┃ 成績(せいせき)が落(お)ちる 성적이 떨어지다 ┃ やせる 야위다, 마르다

다음 빈칸에 알맞은 말을 넣어 보세요.

① 일본어는 어떻게 공부하면 됩니까?

日本語<small>にほんご</small>は _____

② 선생님이 가지 않으면 저도 가지 않겠습니다.

先生<small>せんせい</small>が _____

③ 이 버튼을 누르면 전기가 켜집니다. (ボタンを押<small>お</small>す / 電気<small>でんき</small>がつく)

このボタンを _____

④ 2에 3을 곱하면 6이 됩니다. (かける)

2に _____

⑤ 이 길을 곧장 가면 오른쪽에 우체통이 있습니다. (まっすぐ行<small>い</small>く / 右側<small>みぎがわ</small> / ポスト)

この道<small>みち</small>を _____

🔍 **단어**

押<small>(お)</small>す 누르다 │ **電気<small>(でんき)</small>がつく** 전기가 켜지다 │ **かける** 곱하다, 걸다 │ **右側<small>(みぎがわ)</small>** 오른쪽, 오른편 │ **ポスト** 우체통

道
길 도

音読 どう　訓読 道(みち)　丶 丶 丷 ꟷ 艹 产 芦 首 首 首 道 道

| 道 | 道 | 道 | 道 | 道 | 道 |

動
움직일 동

音読 どう　訓読 動(うご)く　丶 一 亡 午 舌 台 重 重 重 動 動

| 動 | 動 | 動 | 動 | 動 | 動 |

道路
도　　로

| 道路 | 道路 | 道路 | 道路 | 道路 | 道路 |

道具
도　　구

| 道具 | 道具 | 道具 | 道具 | 道具 | 道具 |

運動
운　　동

| 運動 | 運動 | 運動 | 運動 | 運動 | 運動 |

動物
동　　물

| 動物 | 動物 | 動物 | 動物 | 動物 | 動物 |

スイッチ 스위치

| スイッチ | スイッチ | スイッチ | スイッチ |

ポスト 우체통

| ポスト | ポスト | ポスト | ポスト |

FUN & TALK

다음 표현을 사용해서 길을 찾아가 보세요.

～はどう行けばいいですか。

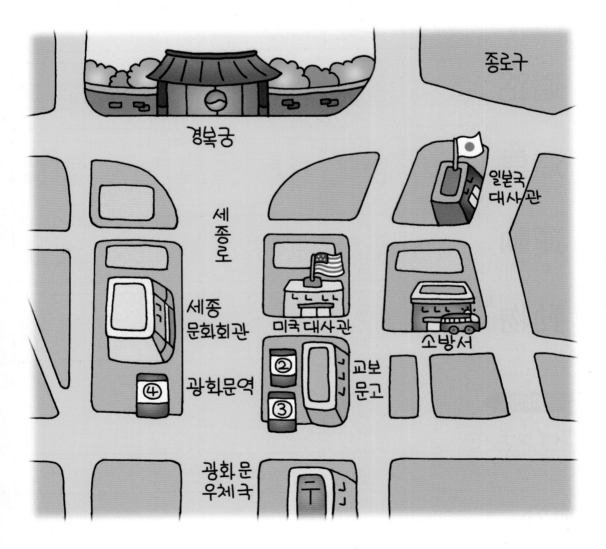

まっすぐ行く
곧장 가다

右に曲がる
오른쪽으로 꺾다

左に曲がる
왼쪽으로 꺾다

角を曲がる
모퉁이를 돌다

橋を渡る
다리를 건너다

横断歩道を渡る
횡단보도를 건너다

つきあたり
막다른 길

向かい
맞은편

早く病院に行ったらどうですか。

빨리 병원에 가는 게 어때요?

표현 익히기 가정 표현 〜なら와 〜たら / 〜たらどうですか(제안, 권유)

💬 Dialogue

🎧 MP3 05-1

姜： どうしたんですか、田中さん？ 顔色が悪いですね。

田中： 昨日から体がだるくて、ぜんぜん力がないんです。

　　　 頭も痛いし、めまいもするし…。

姜： それは大変ですね。

　　　 早く病院に行ったらどうですか。

田中： そうですね。この近くにいい病院がありますか。

姜： いい病院ならやっぱりソウル病院ですね。

　　　 よかったら、いっしょに行きますよ。

田中： いいんですか。どうもありがとう。

　　　 姜さんがいるから、本当に心強いですよ。

姜： ハハ。実はあそこの看護婦さんがすごくきれいなんで。

강한척: 무슨 일 있어요, 다나카 씨? 안색이 좋지 않네요.
다나카: 어제부터 몸이 나른하고 힘이 전혀 없어요.
　　　 머리도 아프고 현기증도 나고…….
강한척: 그거 큰일이네요.
　　　 빨리 병원에 가는 게 어때요?
다나카: 글쎄요. 이 근처에 좋은 병원이 있나요?

강한척: 좋은 병원이라면 역시 서울병원이죠.
　　　 괜찮으면 같이 갈게요.
다나카: 괜찮으세요? 정말 고마워요.
　　　 한척 씨가 있어서 정말 마음 든든합니다.
강한척: 하하. 실은 거기 간호사가 아주 예뻐서요.

🔍 단어

顔色(かおいろ)が悪(わる)い 안색이 좋지 않다 ｜ **体(からだ)がだるい** 몸이 나른하다 ｜ **ぜんぜん** 전혀 ｜ **力(ちから)** 힘 ｜ **頭(あたま)が痛(いた)い** 머리가 아프다 ｜ **めまいがする** 현기증이 나다 ｜ **大変(たいへん)だ** 큰일이다 ｜ **病院(びょういん)** 병원 ｜ **〜たら** 〜(하)면 ｜ **〜なら** 〜라면 ｜ **やっぱり** 역시 ｜ **よかったら** 괜찮다면 ｜ **いっしょに** 함께, 같이 ｜ **心強(こころづよ)い** 마음이 든든하다, 믿음직스럽다 ｜ **実(じつ)は** 실은 ｜ **看護婦(かんごふ)** 간호사 ｜ **すごく** 매우, 몹시

GRAMMAR

1

〜なら
 ~라면 〈가정(조건) 표현〉

❶ **동사 :** 기본형＋なら

日本料理を食べるならおすしがいいですね。

デートをするならこのドライブコースがいいですよ。

❷ **い형용사 :** 기본형＋なら

忙しいなら来なくてもいいです。

おいしくないなら食べなくてもいいです。

❸ **な형용사 :** 어간＋なら

暇なら遊びに来てください。

心配なら連絡してみてください。

❹ **명사 :** 명사＋なら

日本語なら自信あります。

今週の土曜日なら大丈夫です。

 단어 --

おすし 초밥 ｜ **デート** 데이트 ｜ **ドライブコース** 드라이브 코스 ｜ **暇(ひま)だ** 한가하다 ｜ **心配(しんぱい)だ** 걱정되다 ｜ **連絡(れんら く)する** 연락하다 ｜ **自信(じしん)** 자신(감)

② ~たら　　　　　　　　　　　　　~하면 〈가정 표현〉

❶ **동사**　　仕事が終わったら、飲みに行きましょう。
　　　　　　家に着いたら、電話してください。

❷ **い형용사**　辛かったらお水をどうぞ。
　　　　　　他の店より高かったら弁償します。

❸ **な형용사**　不便だったらいつでも言ってください。
　　　　　　不安だったら確認してみてください。

❹ **명사**　　重要な話だったら後でしましょう。
　　　　　　あの立場だったらだれでもそうすると思います。

③ ~たらどうですか　　　　　　~하는 것이 어때요? 〈제안 · 권유〉

少し休んだらどうですか。
先生に聞いてみたらどうですか。
好きなら彼女に告白したらどうですか。

> 「~たらどうですか」에는 (몇 번을 말해도 말을 듣지 않는 사람을) 몰아세운다는 뉘앙스가 있으므로 사용에 주의해야 한다.

🔍 **단어**

終(お)わる 끝나다 ┃ 着(つ)く 도착하다 ┃ 辛(から)い 맵다 ┃ 他(ほか)の 다른 ┃ 店(みせ) 가게 ┃ 弁償(べんしょう) 변상, 보상 ┃ 不便(ふべん)だ 불편하다 ┃ 不安(ふあん)だ 불안하다 ┃ 確認(かくにん)する 확인하다 ┃ 重要(じゅうよう)だ 중요하다 ┃ 後(あと)で 뒤에, 나중에 ┃ 立場(たちば) 입장 ┃ 告白(こくはく)する 고백하다

LET'S TALK

MP3 Lesson 05-2

I　다음 보기와 같이 연습해 보세요.

| 보기 |
A:　日本へ旅行に行きたいんですが…。
B:　日本へ旅行に行くなら箱根がいいですよ。

1　服を買う / 東大門

2　韓国のお土産を買う / のり

3　遊園地に行く / エバーランド

4　映画を見に行く / メガボックス

5　ソウルの夜景を見る / 南山

 단어 --

旅行(りょこう) 여행 ｜ 箱根(はこね) 하코네(일본 지명) ｜ 服(ふく) 옷 ｜ お土産(みやげ) 선물 ｜ のり 김 ｜ 遊園地(ゆうえんち) 유원지, 놀이동산 ｜ 夜景(やけい) 야경

Ⅱ 다음 보기와 같이 연습해 보세요.

| 보기 |
A: 内容が難しくて、読んでも分かりません。

B: よく分からなかったら、先生に質問してください。

1　A: もうすぐ仕事が終わります。

　　B: (仕事が終わる / 電話する)

2　A: もうすぐ駅に着きます。

　　B: (駅に着く / 連絡する)

3　A: とても眠いです。

　　B: (眠い / コーヒーを飲む)

4　A: 試験も終わって暇です。

　　B: (暇だ / 手伝う)

5　A: とても重要な話です。

　　B: (重要な話 / 後で話す)

🔍 단어 -

内容(ないよう) 내용 ｜ 質問(しつもん) 질문 ｜ 仕事(しごと)が終(お)わる 일이 끝나다 ｜ 駅(えき)に着(つ)く 역에 도착하다 ｜ 眠(ねむ)い
졸리다 ｜ 暇(ひま)だ 한가하다 ｜ 手伝(てつだ)う 돕다 ｜ 重要(じゅうよう)だ 중요하다 ｜ 後(あと)で 나중에

LET'S TALK

Ⅲ 다음 보기와 같이 연습해 보세요.

> |보기|
> A: 韓国のお寺を見たいんですが…。
> B: 韓国のお寺を見たいなら、慶州に行ったらどうですか。

1 コンピューターを買う / 竜山に行く

2 のんびりする / 温泉に行く

3 海に行く / 釜山に行く

4 山に行く / 智異山に行く

5 ダイエットする / 毎日運動する

🔍 단어 --

お寺(てら) 절 ｜ **コンピューター** 컴퓨터 ｜ **のんびり** 유유히, 한가롭게 ｜ **温泉**(おんせん) 온천 ｜ **海**(うみ) 바다 ｜ **ダイエットする** 다이어트하다 ｜ **運動**(うんどう)**する** 운동하다

다음 빈칸에 알맞은 말을 넣어 보세요.

① 이번 토요일 한가하면 영화 보러 가지 않을래요? (<ruby>暇<rt>ひま</rt></ruby>だ / <ruby>映画<rt>えいが</rt></ruby>を<ruby>見<rt>み</rt></ruby>る)

<ruby>今度<rt>こん ど</rt></ruby>の _____

② 도쿄라면 간 적이 있습니다. (～たことがある)

<ruby>東京<rt>とう きょう</rt></ruby> _____

③ 일본에 도착하면 연락 주세요. (<ruby>着<rt>つ</rt></ruby>く)

<ruby>日本<rt>に ほん</rt></ruby>に _____

④ 잘 모르면 질문해 주세요. (<ruby>分<rt>わ</rt></ruby>からない / <ruby>質問<rt>しつもん</rt></ruby>)

よく _____

⑤ 한 번 만나 보는 것이 어때요? (<ruby>会<rt>あ</rt></ruby>う)

<ruby>一度<rt>いち ど</rt></ruby> _____

🔍 **단어** -

～ことがある ～한 적이 있다 ┃ **着**(つ)**く** 도착하다 ┃ **連絡**(れんらく)**する** 연락하다

EXERCISE

한자 연습

問
물을 문

음독 もん　훈독 問(と)う　｜　冂　冂　冂　冃　門　門　門　問

問	問	問	問	問	問

力
힘 력

음독 りょく / りき　훈독 力(ちから)　フ　カ

力	力	力	力	力	力

問題
문 제

問題	問題	問題	問題	問題	問題

訪問
방 문

訪問	訪問	訪問	訪問	訪問	訪問

実力
실 력

実力	実力	実力	実力	実力	実力

能力
능 력

能力	能力	能力	能力	能力	能力

외래어 연습

コース　코스

コース	コース	コース	コース

ダイエット　다이어트

ダイエット	ダイエット	ダイエット	ダイエット

FUN & TALK

 손님이 선물을 사려고 합니다. 여러분의 센스를 발휘하여 적당한 선물을 권해 보세요.

〜にプレゼントをするなら …はどうですか。

社長(しゃちょう): お正月(しょうがつ)のプレゼント

奥(おく)さん: 結婚記念日(けっこんきねんび)のプレゼント

同僚(どうりょう): 結婚祝(けっこんいわ)いのプレゼント

お兄(にい)さん: 誕生日(たんじょうび)のプレゼント

恋人(こいびと): バレンタインデーのプレゼント

妹(いもうと)さん: 入学祝(にゅうがくいわ)いのプレゼント

花束(はなたば)
꽃다발

アイロン
다리미

ハンドバック
핸드백

デジカメ
디지털카메라

電気釜(でんきがま)
전기밥솥

化粧品(けしょうひん)セット
화장품 세트

指輪(ゆびわ)
반지

ウイスキー
위스키

時計(とけい)
시계

山田さんはいつまで韓国にいる予定ですか。

やまだ씨는 언제까지 한국에 있을 예정이에요?

表現 익히기 ～つもりだ、～予定だ、～と思っている / 동사의 의지형 / 목적 표현 ～(の)ために

💬 Dialogue

🎧 MP3 06-1

姜（カン）： 山田さんはいつまで韓国にいる予定ですか。

山田（やまだ）： そうですね。韓国の生活もとても気に入っているし、

もともとは一年間の予定で来ましたが、

できればなるべく長く韓国にいようと思っています。

姜（カン）： そうですか。じゃ、結婚はどうするつもりですか。

山田（やまだ）： さあ〜、まだよく分かりませんけど、

韓国の女性と結婚したいと思っています。

姜（カン）： もしかしたらナさんと結婚するつもりで…。

山田（やまだ）： そ、そんな…。姜さん、からかわないでくださいよ。

姜（カン）： いやいや。顔が真っ赤になっちゃって。

心配しないで僕にまかせてください。

山田（やまだ）： あ〜、何をするつもりなのか。本当にまいっちゃう。

강한척: 야마다 씨는 언제까지 한국에 있을 예정이에요?

야마다: 글쎄요. 한국 생활도 매우 마음에 들고.
원래는 1년 동안 있을 예정으로 왔는데요,
가능하면 가급적 오래 한국에 있으려고 해요.

강한척: 그래요? 그럼. 결혼은 어떻게 할 생각이에요?

야마다: 글쎄요. 아직 잘 모르겠습니다만, 한국 여성과 결혼하고 싶어요.

강한척: 혹시 민아 씨와 결혼할 생각으로……?

야마다: 아, 아니에요. 한척 씨, 놀리지 마세요.

강한척: 이런 얼굴이 새빨개졌네요.
걱정 말고 저한테 맡겨 주세요.

야마다: 아, 무슨 일을 할 생각인지. 정말 골치 아파.

🔍 **단어**

予定(よてい) 예정 | 生活(せいかつ) 생활 | 気(き)に入(い)る 마음에 들다 | もともと 원래 | ～年間(ねんかん) ～년간 | できれば 가능하면 | なるべく 가급적, 가능한 한 | ～ようと思(おも)っている ～하려고 생각하다 | 結婚(けっこん) 결혼 | さあ 자, 어서, 글쎄 | もしかしたら 만일, 어쩌면, 혹시 | からかう 놀리다, 조롱하다 | いやいや 아니아니 | 顔(かお)が真(ま)っ赤(か)になる 얼굴이 새빨개지다 | まかせる 맡기다 | まいる 질리다, 곤란하다, 골치 아프다

1 의지 · 계획 · 예정 표현

1. 동사의 기본형 + つもりだ   ~할 생각(작정)이다

来年、留学に行くつもりです。

日本語能力試験を受けるつもりです。

2. 동사의 ない형 + つもりだ   ~하지 않을 생각이다

あそこにはもう二度と行かないつもりです。

大学院には進学しないつもりです。

3. 동사의 기본형 + 予定だ   ~할 예정이다

２時から会議がある予定です。

飛行機は午後４時に到着する予定です。

4. 동사의 의지형 + と思っている   ~하려고 하다

タバコをやめようと思っています。

明日の朝早く出発しようと思っています。

 단어 --

留学(りゅうがく) 유학 │ **能力**(のうりょく) 능력 │ **試験**(しけん) 시험 │ **~度**(ど) ~번 │ **大学院**(だいがくいん) 대학원 │ **進学**(しんがく) 진학 │ **会議**(かいぎ) 회의 │ **飛行機**(ひこうき) 비행기 │ **到着**(とうちゃく) 도착 │ **出発**(しゅっぱつ) 출발

❷ 동사의 의지형

I그룹 동사 (5단 동사)	어미 う단 → お단 + う	会う ➡ 会おう		行く ➡ 行こう	
		話す ➡ 話そう		待つ ➡ 待とう	
		死ぬ ➡ 死のう		遊ぶ ➡ 遊ぼう	
		読む ➡ 読もう		守る ➡ 守ろう	
II그룹 동사 (상하 1단 동사)	어간 + よう	見る ➡ 見よう		起きる ➡ 起きよう	
		食べる ➡ 食べよう		寝る ➡ 寝よう	
III그룹 동사 (불규칙 동사)		来る ➡ 来よう		する ➡ しよう	

❸ 목적 표현

1. 동사의 기본형 + ために　　　～하기 위해서

大学に入るために、一生懸命勉強します。

家を買うために、貯金します。

2. 명사 + のために　　　　～을 위해서

健康のために運動しています。

発表のために資料を集めます。

 단어

入(はい)る 들어가다 | 一生懸命(いっしょうけんめい) 열심히 | 貯金(ちょきん) 저금 | 健康(けんこう) 건강 | 発表(はっぴょう) 발표 |
資料(しりょう) 자료 | 集(あつ)める 모으다

LET'S TALK

Ⅰ 다음 보기와 같이 연습해 보세요.　　　　　　　🎧 MP3 Lesson 06-2

|보기|
A: 今週の土曜日、何をするつもりですか。

B: そうですね。友達と映画を見るつもりです。

1　今週末 / 家で休む

2　連休 / 旅行に行く

3　夏休み / アルバイトをする

4　授業が終ってから / お茶を飲みに行く

5　大学を卒業してから / 大学院に進学する

🔍 **단어**

今週末(こんしゅうまつ) 이번 주말 | **連休**(れんきゅう) 연휴 | **夏休**(なつやす)**み** 여름방학 | **卒業**(そつぎょう) 졸업 | **大学院**(だいがくいん)**に進学**(しんがく)**する** 대학원에 진학하다

Ⅱ 다음 보기와 같이 연습해 보세요.

> |보기|
> A: いつ日本に行くつもりですか。
> B: 来月日本に行こうと思っています。

1 結婚する / 来年
2 留学に行く / 再来年
3 試験を受ける / 今年
4 引越す / 再来月

Ⅲ 다음 보기와 같이 연습해 보세요.

> |보기|
> A: 何のために日本語を勉強しているんですか。
> B: 試験を受けるために日本語を勉強しています。

1 日本へ旅行に行く
2 ネイティブと日本語で話す
3 日本へ留学に行く
4 就職

 단어 ---

留学(りゅうがく) 유학 | 再来年(さらいねん) 내후년 | 試験(しけん)を受(う)ける 시험을 치다 | 引越(ひっこ)す 이사하다 | 再来月(さらいげつ) 다다음 달 | ネイティブ 네이티브 | 就職(しゅうしょく) 취직

EXERCISE

다음 빈칸에 알맞은 말을 넣어 보세요.

① 일본에 유학 갈 생각입니다. (留学に行く)

日本へ _____

② 여행하기 위해서 아르바이트를 할 생각입니다. (アルバイトをする)

旅行する _____

③ 그녀와는 두 번 다시 만나지 않을 생각입니다. (二度と / 会う)

彼女とは _____

④ 다음 주 일본으로 출장 갈 예정입니다. (出張に行く)

来週 _____

⑤ 다음 달부터 운동을 시작하려고 생각하고 있습니다. (運動を始める)

来月から _____

단어 --

アルバイト 아르바이트 | **二度(にど)と** 두 번 다시 | **出張(しゅっちょう)に行(い)く** 출장 가다 | **運動(うんどう)** 운동

着
도착할 **착**

| 음독 ちゃく | 훈독 着(つ)く / 着(き)る | ` ` ⺍ ⺌ 丷 ⺧ 羊 羊 羊 着 着 着 |

| 着 | 着 | 着 | 着 | 着 | 着 |

発
발할 **발**

| 음독 はつ / ぱつ / ほつ | 훈독 発(た)つ | ⼁ ⼸ ⽨ 癶 癶 癶 癶 癶 発 |

| 発 | 発 | 発 | 発 | 発 | 発 |

到着
도　착
とう　ちゃく

| 到着 | 到着 | 到着 | 到着 | 到着 | 到着 |

着用
착　용
ちゃく　よう

| 着用 | 着用 | 着用 | 着用 | 着用 | 着用 |

発展
발　전
はっ　てん

| 発展 | 発展 | 発展 | 発展 | 発展 | 発展 |

発表
발　표
はっ　びょう

| 発表 | 発表 | 発表 | 発表 | 発表 | 発表 |

ヨーロッパ 유럽

| ヨーロッパ | ヨーロッパ | ヨーロッパ | ヨーロッパ |

ネイティブ 네이티브

| ネイティブ | ネイティブ | ネイティブ | ネイティブ |

FUN & TALK

인생은 끝없는 선택의 갈림길입니다. 앞으로의 계획에 대해 서로 묻고 답해 보세요.

~つもりです　~할 생각입니다

대학 졸업 후엔?

1

しゅうしょく
就職する
취직하다

2

りゅうがく　い
留学に行く
유학 가다

3

だいがくいん　い
大学院に行く
대학원을 가다

자신을 위해 투자를 한다면?

1

がいこく ご　なら
外国語を習う
외국어를 배우다

2

うんどう
運動する
운동하다

3

なら
バイオリンを習う
바이올린을 배우다

결혼은 어떻게?

1

れんあいけっこん
恋愛結婚をする
연애결혼을 하다

2

み あいけっこん
お見合結婚をする
중매결혼을 하다

신혼여행은 어디로?

1

ヨーロッパに行<ruby>行<rt>い</rt></ruby>く
유럽에 가다

1

ハワイに<ruby>行<rt>い</rt></ruby>く
하와이에 가다

3

<ruby>日本<rt>にほん</rt></ruby>に<ruby>行<rt>い</rt></ruby>く
일본에 가다

4

タイに<ruby>行<rt>い</rt></ruby>く
태국에 가다

결혼 후 1.

1

<ruby>子供<rt>こども</rt></ruby>を<ruby>産<rt>う</rt></ruby>む
아이를 낳다

결혼 후 2.

1

（<ruby>一戸建<rt>いっこだ</rt></ruby>て）<ruby>住宅<rt>じゅうたく</rt></ruby>に<ruby>住<rt>す</rt></ruby>む
단독주택에 살다

2

<ruby>子供<rt>こども</rt></ruby>を<ruby>産<rt>う</rt></ruby>まない
아이를 낳지 않다

2

アパート（マンション）に<ruby>住<rt>す</rt></ruby>む
아파트(맨션)에 살다

今にも雨が降り出しそうですね。

금방이라도 비가 내릴 것 같네요.

표현 익히기 ～そうだの二가지 용법 / ～やすい、～にくい、～すぎる / ～ように、～ないように

💬 Dialogue

🎧 MP3 07-1

ナ： どんよりと曇って今にも雨が降り出しそうですね。

田中： そうですね。

天気予報によると明日から梅雨が始まるそうですよ。

ナ： そうですか。梅雨が終わったらもう本格的な夏ですね。

田中： ニュースによると今年は100年ぶりの暑さで、

大変過ごしにくい夏になるそうですよ。

ナ： そうですか。夏ばてしないように、

体に気をつけなければなりませんね。

田中： そうですね。じゃ、明日は健康のために、

サムゲタンでも食べに行きましょうか。

ナ： それもいいですね。そうしましょう。

나민아: 잔뜩 흐린 게 금방이라도 비가 내릴 것 같네요.
다나카: 그렇군요. 일기예보에 의하면 내일부터 장마가 시작된다고 하던데요.
나민아: 그래요? 장마가 끝나면 이제 본격적인 여름이 오겠네요.
다나카: 뉴스에 따르면 올해는 100년 만의 더위로 지내기 힘든 여름이 될 거라고 합니다.
나민아: 그래요? 여름 타지 않도록 건강에 유의해야겠네요.
다나카: 그래요. 그럼, 내일은 건강을 위해 삼계탕이라도 먹으러 갈까요?
나민아: 그것도 좋네요. 그렇게 해요.

🔍 단어

どんよりと 날씨가 잔뜩 흐린 모양(어두침침함) | 曇(くも)る 흐리다 | 今(いま)にも 금방, 당장이라도 | 降(ふ)り出(だ)す 내리기 시작하다 | ～そうだ ～할 것 같다, ～라고 하다 | 天気予報(てんきよほう) 일기예보 | ～によると ～에 의하면 | 明日(あした) 내일 | 梅雨(つゆ) 장마 | 始(はじ)まる 시작되다 | 本格的(ほんかくてき) 본격적 | ニュース 뉴스 | 今年(ことし) 올해 | ～ぶり ～만에 | 暑(あつ)さ 더위 | 大変(たいへん) 매우, 몹시 | ～にくい ～하기 어렵다 | 夏(なつ)ばて 여름을 탐 | 体(からだ)に気(き)をつける 건강에 유의하다, 신경 쓰다 | 健康(けんこう) 건강 | ～のために ～을 위해서 | サムゲタン 삼계탕

GRAMMAR

①

～そうだ

～라고 하다〈전문〉

❶ 동사 : る / ている / た

彼は明日来るそうです。

外は今雨が降っているそうです。

試験に合格したそうです。

❷ い형용사 : い / かった

この頃、会社の仕事でとても忙しいそうです。

試験はとても易しかったそうです。

❸ な형용사 : だ / だった

両親は元気だそうです。

映画は本当に感動的だったそうです。

❹ 명사 : だ / だった

彼女は日本語の先生だそうです。

彼は学生時代、野球選手だったそうです。

 단어

外(そと) 밖 ㅣ **合格**(ごうかく)**する** 합격하다 ㅣ **感動的**(かんどうてき) 감동적 ㅣ **学生時代**(がくせいじだい) 학창 시절 ㅣ **野球**(やきゅう) 야구 ㅣ **選手**(せんしゅ) 선수

❷ ～そうだ

～한 것 같다 〈양태, 추측〉

❶ 동사 : ます형＋そうだ

雨が降りそうです。

赤ちゃんが泣きそうです。

❷ い형용사 : 어간＋そうだ

ラーメンがとてもおいしそうです。

先生の時計は高そうです。

> **예외** ない → なさそうだ ／ よい → よさそうだ

❸ な형용사 : 어간＋そうだ

この車は丈夫そうです。

子供たちはみんな元気そうです。

❹ 수식형 : そうな＋명사 ／ そうに＋동사

おいしそうなラーメンですね。

おいしそうに食べています。

 단어 -

赤(あか)ちゃん 아기 ｜ **泣(な)く** 울다 ｜ **丈夫(じょうぶ)だ** 튼튼하다

③ 복합어 : 동사의 ます형 + 접미어

1. 〜やすい　　　　〜하기 쉽다 (용이함, 간편함의 뜻을 더하는 접미어)

この料理は簡単で、とても作りやすいです。

先生の説明は面白いし、分かりやすいです。

2. 〜にくい　　　　〜하기 어렵다 (어려움, 불편함의 뜻을 더하는 접미어)

日本語の漢字は読みにくいです。

この服はきれいですけど、とても着にくいです。

3. 〜すぎる　　　　지나치게 〜하다 (지나침, 과도함의 뜻을 더하는 접미어)

飲みすぎて、頭が痛いです。

このごろ食べすぎて、太ってしまいました。

④ 〜(ない)ように　　〜하(지 않)도록 〈권유〉

1. 〜ように　　　　〜하도록

明日までにレポートを提出するようにしてください。

毎日規則的に運動するように。

2. 〜ないように　　　〜하지 않도록

授業に遅れないように気をつけています。

あまり急がないように。

🔍 **단어** -

簡単(かんたん)だ 간단하다 ｜ 説明(せつめい) 설명 ｜ 服(ふく) 옷 ｜ 着(き)る 입다 ｜ 頭(あたま)が痛(いた)い 머리가 아프다 ｜ 太(ふと)る 살찌다 ｜ レポート 리포트 ｜ 提出(ていしゅつ) 제출 ｜ 規則的(きそくてき) 규칙적 ｜ 授業(じゅぎょう)に遅(おく)れる 수업에 늦다 ｜ 気(き)をつける 조심하다 ｜ 急(いそ)ぐ 서두르다

LET'S TALK

Ⅰ 다음 보기와 같이 연습해 보세요.   🎧 MP3 Lesson 07-2

| 보기 |

A: Bさん、知っていますか。

B: え、何(なん)ですか。

A: ニュースによると
日本(にほん)で韓国(かんこく)のドラマがとても人気(にんき)があるそうです。

1 天気予報(てんきよほう) / 明日(あした)は雨(あめ)だ

2 新聞(しんぶん) / 物価(ぶっか)が上(あ)がる

3 雑誌(ざっし) / 今年(ことし)はこのファッションが流行(はや)る

4 ニュース / 来年(らいねん)も不景気(ふけいき)が続(つづ)く

5 姜(カン)さんの話(はなし) / 学生時代(がくせいじだい)とても人気(にんき)があった

ドラマ 드라마 ┃ 人気(にんき) 인기 ┃ 新聞(しんぶん) 신문 ┃ 物価(ぶっか) 물가 ┃ 上(あ)がる 오르다 ┃ 雑誌(ざっし) 잡지 ┃ ファッション 패션 ┃ 流行(はや)る 유행하다 ┃ 不景気(ふけいき) 불경기 ┃ 続(つづ)く 계속되다, 이어지다

Ⅱ 다음 보기와 같이 연습해 보세요.

> | 보기 |
>
> テーブルの上^{うえ}のペン / 落^おちる
>
> ➡ テーブルの上^{うえ}のペンが落^おちそうですよ。

1 シャツのボタン / 取^とれる

2 キムチ / 本当^{ほんとう}に辛^{から}い

3 家^{いえ} / 倒^{たお}れる

4 ケーキ / おいしい

5 くつ / はきやすい

テーブル 테이블 ┃ 落^おちる 떨어지다 ┃ シャツ 셔츠 ┃ ボタン 단추 ┃ 取^とれる 떨어지다, 빠지다 ┃ 倒^{たお}れる 무너지다, 쓰러지다 ┃ はく (신발・양말 등을) 신다 ┃ はきやすい 신기 편하다

EXERCISE

다음 빈칸에 알맞은 말을 넣어 보세요.

① 일기예보에 의하면 올해 겨울은 따뜻할 거라고 합니다.

<ruby>天気予報<rt>てん き よ ほう</rt></ruby> _____

② 선생님의 설명은 정말 이해하기 쉽다고 합니다.

<ruby>先生<rt>せん せい</rt></ruby>の _____

③ 그녀는 비싸 보이는 액세서리를 하고 있습니다.

<ruby>彼女<rt>かの じょ</rt></ruby>は _____

④ 가능한 한 일본어로 말하도록 해 주세요.

なるべく _____

⑤ 여권을 잃어버리지 않도록 주의하세요.

パスポートを _____

🔍 **단어** --

暖(あたた)**かい** 따뜻하다 ｜ **説明**(せつめい) 설명 ｜ **アクセサリー** 액세서리 ｜ **なるべく** 가능한 한 ｜ **パスポート** 여권 ｜ **忘**(わす)**れる** 잃어버리다 ｜ **注意**(ちゅうい)**する** 주의하다

한자 연습

説
말씀 설

음독 せつ / せっ **훈독** 説(と)く ゛ 亠 言 言 言 言 訁 訁 訃 訝 説 説

| 説 | 説 | 説 | 説 | 説 | 説 |

明
밝을 명

음독 明(めい) / 明(みょう) **훈독** 明(あか)るい / 明(あ)ける / 明(あき)らか

丨 冂 冃 日 日 明 明 明

| 明 | 明 | 明 | 明 | 明 | 明 |

説明
설 명

| 説明 | 説明 | 説明 | 説明 | 説明 | 説明 |

小説
소 설

| 小説 | 小説 | 小説 | 小説 | 小説 | 小説 |

明示
명 시

| 明示 | 明示 | 明示 | 明示 | 明示 | 明示 |

明日
내 일

| 明日 | 明日 | 明日 | 明日 | 明日 | 明日 |

외래어 연습

ラジオ 라디오

| ラジオ | ラジオ | ラジオ | ラジオ |

アクセサリー 액세서리

| アクセサリー | アクセサリー | アクセサリー | アクセサリー |

FUN & TALK

 다음의 그림을 보고 그 느낌을 말해 보세요.

～そうですね

幸せだ
행복하다

大変だ
힘들다

寂しい
쓸쓸하다

頭がいい
머리가 좋다

お金がない
돈이 없다

忙しい
바쁘다

痛い
아프다

面白い
재미있다

不安だ
불안하다

優しい
상냥하다

元気だ
건강하다

LESSON 08

山田(やまだ)さんはたぶん長生(ながい)きするでしょう。

야마다 씨는 아마 오래 살 거예요.

표현 익히기 추측 표현 ～かもしれない / ～だろう / ～はずだ, ～はずがない

姜：山田さん、知っていますか。
　韓国の男性の中で25％以上の人が癌にかかるそうですよ。

山田：え？ まさか。
　そんなに多くの人が癌にかかるんですか。

姜：それで、健康保険に加入しておこうと思っています。
　僕も癌にかかるかもしれませんから。

山田：そうですか。僕も急に健康のことが心配になりました。

姜：ハハ、心配しなくてもいいですよ。
　山田さんが癌にかかるはずがありません。
　タバコもお酒もしないし、毎日規則的に運動するし。
　山田さんはたぶん長生きするでしょう。

山田：じゃ、姜さんもこれからタバコとお酒をやめたら
　いいんじゃないですか。

姜：そ、それはそうなんですけど…。

강한척: 야마다 씨, 아세요?
　　　　한국 남자들 중에서 25% 이상이 암에 걸린다고 합니다.
야마다: 네? 설마요. 그렇게 많은 사람이 암에 걸립니까?
강한척: 그래서 건강보험에 가입해 두려고 합니다.
　　　　저도 암에 걸릴지 모르니까요.
야마다: 그래요? 저도 갑자기 건강이 걱정되네요.

강한척: 하하, 걱정하지 않아도 됩니다.
　　　　야마다 씨가 암에 걸릴 리가 없어요.
　　　　담배도 술도 안 하고, 매일 규칙적으로 운동하고.
　　　　야마다 씨는 아마 오래 살 거예요.
야마다: 그럼, 한척 씨도 이제부터 담배와 술을 끊으면 되지 않아요?
강한척: 그, 그건 그런데요…….

 단어

男性(だんせい) 남성 | **癌**(がん) 암 | **かかる** 걸리다 | **まさか** 설마 | **健康**(けんこう) 건강 | **保険**(ほけん) 보험 | **加入**(かにゅう)**する** 가입하다 | **〜ておく** 〜해 두다, 〜해 놓다 | **〜はずがない** 〜일 리가 없다 | **タバコ** 담배 | **お酒**(さけ) 술 | **規則的**(きそくてき) 규칙적 | **たぶん** 아마 | **長生**(ながい)**きする** 장수하다 | **やめる** 그만두다, 끊다 | **〜たらいいんじゃない** 〜하면 되지 않아?

GRAMMAR

①

～かもしれない
～かもしれません

～일지도 모른다

～일지도 모릅니다

❶ 동사 : る / ている / た

来年結婚するかもしれません。
らいねんけっこん

どこかで遊んでいるかもしれません。
あそ

もう会社を辞めたかもしれません。
かいしゃ　や

❷ い형용사 : い / かった

高いかもしれません。
たか

寒かったかもしれません。
さむ

❸ な형용사 : 어간 / だった

ちょっと不便かもしれません。
ふ　べん

有名だったかもしれません。
ゆうめい

❹ 명사 : 명사 / だった

学生かもしれません。
がくせい

恋人だったかもしれません。
こいびと

 단어 ---

結婚(けっこん)する 결혼하다 ┃ **どこかで** 어딘가에서 ┃ **遊(あそ)ぶ** 놀다 ┃ **もう** 이미, 벌써 ┃ **辞(や)める** 그만두다 ┃ **不便(ふべん)だ** 불편하다 ┃ **恋人(こいびと)** 연인

② 〜だろう
〜でしょう

〜이겠지

〜이겠지요

❶ 동사 : る / ている / た

彼<ruby>彼<rt>かれ</rt></ruby>はきっと来<ruby>来<rt>く</rt></ruby>るでしょう。

今<ruby>今<rt>いま</rt></ruby>図書館<ruby>図書館<rt>としょかん</rt></ruby>で勉強<ruby>勉強<rt>べんきょう</rt></ruby>しているでしょう。

もう出発<ruby>出発<rt>しゅっぱつ</rt></ruby>したでしょう。

❷ い형용사 : い / かった

たぶんとても忙<ruby>忙<rt>いそが</rt></ruby>しいでしょう。

パーティーは楽<ruby>楽<rt>たの</rt></ruby>しかったでしょう。

❸ な형용사 : 어간 / だった

とても便利<ruby>便利<rt>べんり</rt></ruby>でしょう。

有名<ruby>有名<rt>ゆうめい</rt></ruby>だったでしょう。

❹ 명사 : 명사 / だった

明日<ruby>明日<rt>あした</rt></ruby>は晴<ruby>晴<rt>は</rt></ruby>れでしょう。

いい先生<ruby>先生<rt>せんせい</rt></ruby>だったでしょう。

 단어

きっと 꼭, 반드시 | 図書館(としょかん) 도서관 | 出発(しゅっぱつ) 출발 | たぶん 아마 | 便利(べんり)だ 편리하다 | 晴(は)れ 맑음

3 **〜はず** 〈강한 추측〉

1. 〜はずだ
〜일 것이다, 〜할 것이다

昨日ボーナスをもらったからお金があるはずです。

金さんは山田さんの電話番号を知っているはずです。

2. 〜はずがない
〜일 리가 없다, 〜할 리가 없다

教室にまだ学生たちがいるはずがないです。

親切な彼女がそんなことをするはずがないです。

🔍 단어 --

ボーナス 보너스 | もらう 받다 | 電話番号(でんわばんごう) 전화번호

LET'S TALK

Ⅰ 다음 보기와 같이 연습해 보세요.

🎧 MP3 Lesson 08-2

> |보기|
>
> **A:** ナさんがきれいな服を着ていますね。
>
> **B:** そうですね。今日お見合いするかもしれません。

1 **A:** 姜さんが遅いですね。

　　B: （残業がある）

2 **A:** 山田さんが嬉しそうですね。

　　B: （デートがある）

3 **A:** 田中さんが寂しそうですね。

　　B: （失恋した）

4 **A:** ナさんが悲しそうですね。

　　B: （試験に落ちた）

お見合(みあ)いする 맞선 보다 ｜ **嬉(うれ)しい** 기쁘다 ｜ **寂(さび)しい** 쓸쓸하다 ｜ **失恋(しつれん)する** 실연하다 ｜ **悲(かな)しい** 슬프다

LET'S TALK

Ⅱ 다음 보기와 같이 연습해 보세요.

> | 보기 |
> A: 今頃、金さんは何をしているでしょうか。
> B: そうですね。たぶん友達と遊んでいるでしょう。

1 A: 先生はどんな料理が好きでしょうか。

B: (日本料理が好きだ)

2 A: 中村さんはパーティーに来るでしょうか。

B: (来ない)

3 A: 今年の試験は難しいでしょうか。

B: (かなり難しい)

4 A: 今頃、日本に着いたでしょうか。

B: (もう着いた)

5 A: あの人は誰でしょうか。

B: (姜さんの友達)

단어

今頃(いまごろ) 지금쯤 | たぶん 아마도 | パーティー 파티 | かなり 꽤, 상당히 | 着(つ)く 도착하다

88

Ⅲ 다음 보기와 같이 연습해 보세요.

| 보기 |
A: 金さんは勉強をしているでしょう。

B: いいえ、金さんが勉強をしているはずがないです。

1 彼女は今年就職する

2 山田さんはナさんと結婚する

3 今、山田さんはお酒を飲んでいる

4 金さんは来年会社を辞める

5 あの映画は面白い

 단어 --

就職(しゅうしょく)する 취직하다 ｜ **辞(や)める** 그만두다

EXERCISE

다음 빈칸에 알맞은 말을 넣어 보세요.

① 선생님은 매우 기뻐할 거예요. (大変 / 喜ぶ)

先生は _____

② 지금쯤 친구들이랑 술 마시고 있을 거예요. (お酒を飲む)

今頃 _____

③ 내일은 휴일이니까 한가할 거예요. (暇だ)

明日は _____

④ 회의에 좀 늦을지도 모르겠습니다. (遅れる)

会議に _____

⑤ 그녀가 모를 리가 없습니다. (知らない)

彼女が _____

 단어

大変(たいへん) 매우 | 喜(よろこ)ぶ 기뻐하다 | 休(やす)み 휴일 | ちょっと 좀, 조금 | 遅(おく)れる 늦다

急 급할 급
음독 急(きゅう) 훈독 急(いそ)ぐ ノ ク ク ク 刍 刍 急 急 急

| 急 | 急 | 急 | 急 | 急 | 急 |

入 들 입
음독 にゅう 훈독 入(い)る / 入(い)れる / 入(はい)る ノ 入

| 入 | 入 | 入 | 入 | 入 | 入 |

急用 (きゅう よう) 급한 일

| 急用 | 急用 | 急用 | 急用 | 急用 | 急用 |

急行 (きゅう こう) 급 행

| 急行 | 急行 | 急行 | 急行 | 急行 | 急行 |

入学 (にゅう がく) 입 학

| 入学 | 入学 | 入学 | 入学 | 入学 | 入学 |

入院 (にゅう いん) 입 원

| 入院 | 入院 | 入院 | 入院 | 入院 | 入院 |

외래어 연습

ボーナス 보너스

| ボーナス | ボーナス | ボーナス | ボーナス |

パーティー 파티

| パーティー | パーティー | パーティー | パーティー |

FUN & TALK

여러분의 상상력을 발휘하여 그림을 보면서 어떤 상황인지를 말해 보세요.

～かもしれません

A 강한척 씨가 회사를 결근하다

1

家で休んでいる
집에서 쉬고 있다

2

ストレスでお酒を飲んでいる
스트레스로 술을 마시고 있다

4

事故で入院した
사고로 입원했다

3

出張に行った
출장을 갔다

5

旅行に行った
여행을 갔다

B 나민아 씨가 꽃단장하고 기뻐하고 있다

1

コンサートに行^いく
콘서트에 가다

2

デートがある
데이트가 있다

4

先生^{せんせい}のお宅^{たく}を訪問^{ほうもん}する
선생님 댁을 방문하다

3

お見^み合^あいをする
맞선을 보다

5

誕生日^{たんじょうび}
생일

정답

LESSON 01
ちょっとケータイを借^かりてもいいですか。

LET'S TALK

Ⅰ

1 A: 教室^{きょうしつ}でお酒^{さけ}を飲^のんでもいいですか。
　　교실에서 술을 마셔도 됩니까?

　B: いいえ、教室^{きょうしつ}でお酒^{さけ}を飲^のんではいけません。아니요, 교실에서 술을 마시면 안 됩니다.

2 A: 2～3日^{にさんにち}会社^{かいしゃ}を休^{やす}んでもいいですか。
　　2~3일 회사를 쉬어도 됩니까?

　B: いいえ、2～3日^{にさんにち}会社^{かいしゃ}を休^{やす}んではいけません。아니요, 2~3일 회사를 쉬면 안 됩니다.

3 A: 全部^{ぜんぶ}食^たべてもいいですか。
　　전부 먹어도 됩니까?

　B: いいえ、全部^{ぜんぶ}食^たべてはいけません。
　　아니요, 전부 먹으면 안 됩니다.

4 A: ここで写真^{しゃしん}を撮^とってもいいですか。
　　여기서 사진을 찍어도 됩니까?

　B: いいえ、ここで写真^{しゃしん}を撮^とってはいけません。아니요, 여기서 사진을 찍으면 안 됩니다.

5 A: 授業中^{じゅぎょうちゅう}、韓国語^{かんこくご}で話^{はな}してもいいですか。
　　수업 중 한국어로 이야기해도 됩니까?

　B: いいえ、授業中^{じゅぎょうちゅう}、韓国語^{かんこくご}で話^{はな}してはいけません。
　　아니요, 수업 중에 한국어로 이야기하면 안 됩니다.

Ⅱ

1 A: 遊^{あそ}びに行^いってもいいですか。 놀러가도 됩니까?

　B: はい、いいですよ。 네, 괜찮아요. /
　　いいえ、いけません。 아니요, 안 됩니다.

2 A: ドアを開^あけてもいいですか。
　　문을 열어도 됩니까?

　B: はい、いいですよ。 /
　　いいえ、いけません。

3 A: デザインが古^{ふる}くてもいいですか。
　　디자인이 오래된 것이어도 괜찮습니까?

　B: はい、いいですよ。 /
　　いいえ、いけません。

4 A: 日本語^{にほんご}が下手^{へた}でもいいですか。
　　일본어를 잘 못해도 됩니까?

　B: はい、いいですよ。 /
　　いいえ、いけません。

5 A: 安^{やす}いプレゼントでもいいですか。
　　싼 선물이라도 괜찮습니까?

　B: はい、いいですよ。 /
　　いいえ、いけません。

EXERCISE

1 いつでも遊^{あそ}びに来^きてもいいです。

2 何^{なん}でも使^{つか}ってもいいです。

3 欠席^{けっせき}してはいけません。

4 お酒^{さけ}を飲^のんで運転^{うんてん}してはいけません。

5 お金^{かね}がなくてもいいです。

LESSON 02

一杯したり歌を歌ったりします。

いっぱい うた うた

LET'S TALK

I

1 **A:** 暇な時、何をしますか。
ひま とき なに
한가할 때 무엇을 합니까?

B: インターネットをしたり、ゲームをしたりします。 인터넷을 하거나 게임을 하거나 합니다.

2 **A:** 暇な時、何をしますか。
ひま とき なに

B: 本を読んだり、音楽を聞いたりします。
ほん よ おんがく き
책을 읽거나 음악을 듣거나 합니다.

3 **A:** 暇な時、何をしますか。
ひま とき なに

B: お酒を飲んだり、タバコを吸ったりします。 술을 마시거나 담배를 피우거나 합니다.
さけ の す

4 **A:** 暇な時、何をしますか。
ひま とき なに

B: テレビを見たり、ごろごろしたりします。
み
텔레비전을 보거나 빈둥거리거나 합니다.

5 **A:** 暇な時、何をしますか。
ひま とき なに

B: 買い物をしたり、料理を作ったりします。
か もの りょうり つく
쇼핑을 하거나 요리를 만들거나 합니다.

II

1 **A:** 日本語の授業はどうですか。
にほんご じゅぎょう
일본어 수업은 어떻습니까?

B: 易しかったり難しかったりします。
やさ むずか
쉽기도 하고 어렵기도 합니다.

2 **A:** 成績はどうですか。
せいせき
성적은 어떻습니까?

B: 良かったり悪かったりします。
よ わる
좋기도 하고 나쁘기도 합니다.

3 **A:** 天気はどうですか。 날씨는 어떻습니까?
てんき

B: 暖かかったり寒かったりします。
あたた さむ
따뜻하기도 하고 춥기도 합니다.

4 **A:** 日本語の会話はどうですか。
にほんご かいわ
일본어 회화는 어떻습니까?

B: 上手だったり下手だったりします。
じょうず へた
잘하기도 하고 잘못하기도 합니다.

5 **A:** クラスの雰囲気はどうですか。
ふんいき
교실 분위기는 어떻습니까?

B: 静かだったり賑やかだったりします。
しず にぎ
조용하기도 하고 시끄럽기도 합니다.

III

1 **A:** 公園では何をしますか。
こうえん なに
공원에서는 무엇을 합니까?

B: 散歩したりデートをしたりします。
さんぽ
산책하기도 하고 데이트를 하기도 합니다.

2 **A:** カラオケでは何をしますか。
なに
노래방에서는 무엇을 합니까?

B: 歌を歌ったり踊ったりします。
うた うた おど
노래를 부르기도 하고 춤추기도 합니다.

3 **A:** 喫茶店では何をしますか。
きっさてん なに
찻집에서는 무엇을 합니까?

B: コーヒーを飲んだり友達に会ったりします。 커피를 마시기도 하고 친구를 만나기도 합니다.
の ともだち あ

4 **A:** コンビニでは何をしますか。
なに
편의점에서는 무엇을 합니까?

B: カップラーメンを食べたりお菓子を買ったりします。 컵라면을 먹기도 하고 과자를 사기도 합니다.
た かし か

5 **A:** 郵便局では何をしますか。
ゆうびんきょく なに
우체국에서는 무엇을 합니까?

B: 手紙を出したり小包を送ったりします。
てがみ だ こづつみ おく
편지를 부치기도 하고 소포를 보내기도 합니다.

6 **A:** 教室では何をしますか。
きょうしつ なに
교실에서는 무엇을 합니까?

B: 勉強したりお弁当を食べたりします。
べんきょう べんとう た
공부하기도 하고 도시락을 먹기도 합니다.

EXERCISE

1 赤ちゃんが泣いたり笑ったりします。

2 成績が上がったり下がったりします。

3 ドラマは面白かったりつまらなかったりします。

4 人によって親切だったり不親切だったりします。

5 交通手段は電車だったりバスだったりします。

LESSON 03
土曜日にも残業をしなければなりません。

LET'S TALK

Ⅰ

1 A: あなたの会社にはどんな規則がありますか。 당신 회사에는 어떤 규칙이 있습니까?
B: 私の会社は、土曜日にも仕事をしなければなりません。
우리 회사는 토요일에도 근무를 해야만 합니다.

2 A: あなたの会社にはどんな規則がありますか。
B: 私の会社は、毎月テストを受けなければなりません。
우리 회사는 매달 시험을 봐야만 합니다.

3 A: あなたの会社にはどんな規則がありますか。
B: 私の会社は、ユニフォームを着なければなりません。
우리 회사는 유니폼을 입어야만 합니다.

4 A: あなたの会社にはどんな規則がありますか。
B: 私の会社は、毎週報告書を書かなければなりません。
우리 회사는 매주 보고서를 써야만 합니다.

5 A: あなたの会社にはどんな規則がありますか。
B: 私の会社は、毎年研修に行かなければなりません。 우리 회사는 매년 연수를 가야만 합니다.

Ⅱ

1 A: 土曜日にも会社に行かなければなりませんか。 토요일에도 회사에 가지 않으면 안 됩니까?
B: いいえ、行かなくてもいいです。
아니요, 가지 않아도 됩니다.

2 A: 全部読まなければなりませんか。
전부 읽지 않으면 안 됩니까?
B: いいえ、読まなくてもいいです。
아니요, 읽지 않아도 됩니다.

3 A: 朝早く起きなければなりませんか。
아침 일찍 일어나지 않으면 안 됩니까?
B: はい、起きなければなりません。
예, 일어나야 합니다.

4 A: 試験を受けなければなりませんか。
시험을 보지 않으면 안 됩니까?
B: はい、受けなければなりません。
예, 봐야 합니다.

5 A: 毎日運動しなければなりませんか。
매일 운동하지 않으면 안 됩니까?
B: いいえ、運動しなくてもいいです。
아니요, 운동하지 않아도 됩니다.

Ⅲ

1 A: 日本語で話さなくてもいいですか。
일본어로 말하지 않아도 됩니까?
B: いいえ、日本語で話さなければなりません。 아니요, 일본어로 말해야 합니다.

96

2 A: 履歴書を出さなくてもいいですか。

이력서를 제출하지 않아도 됩니까?

B: いいえ、履歴書は出さなければなりません。 아니요, 이력서는 제출해야 합니다.

3 A: ドアを閉めなくてもいいですか。

문을 닫지 않아도 됩니까?

B: いいえ、ドアは閉めなければなりません。

아니요, 문은 닫아야 합니다.

4 A: 予約をしなくてもいいですか。

예약을 하지 않아도 됩니까?

B: いいえ、予約はしなければなりません。

아니요, 예약은 해야 합니다.

5 A: 会社に連絡しなくてもいいですか。

회사에 연락하지 않아도 됩니까?

B: いいえ、会社に連絡しなければなりません。 아니요, 회사에 연락해야 합니다.

EXERCISE

1 約束は守らなければなりません。

2 明日までに決めなければなりません。

3 試験に合格しなければなりません。

4 日本語で書かなくてもいいです。

5 そんなに緊張しなくてもいいです。

LESSON 04
まっすぐ行くと消防署があります。

LET'S TALK

Ⅰ

1 あなたが行けば私も行きます。

당신이 가면 저도 가겠습니다.

2 機会があれば日本に行きたいです。

기회가 있으면 일본에 가고 싶습니다.

3 雨が降れば家にいます。

비가 오면 집에 있겠습니다.

4 天気が良ければ遊びに行きます。

날씨가 좋으면 놀러 가겠습니다.

5 時間がなければ行かなくてもいいです。

시간이 없으면 가지 않아도 됩니다.

Ⅱ

1 ボタンを押すとドアが開きます。

버튼을 누르면 문이 열립니다.

2 お金を入れると切符が出ます。

돈을 넣으면 표가 나옵니다.

3 1に2を足すと3になります。

1에 2를 더하면 3이 됩니다.

4 この道をまっすぐ行くと駅があります。

이 길을 똑바로 가면 역이 있습니다.

5 勉強しないと成績が落ちます。

공부하지 않으면 성적이 떨어집니다.

6 何も食べないとやせます。

아무것도 먹지 않으면 마릅니다.

EXERCISE

1 日本語はどう勉強すればいいですか。

2 先生が行かなければ私も行きません。

3 このボタンを押すと電気がつきます。

4 2に3をかけると6になります。

5 この道をまっすぐ行くと右側にポストがあります。

LESSON 05
早く病院に行ったらどうですか。

はや　びょういん　い

LET'S TALK

Ⅰ

1 **A:** 服を買いたいんですが…。
ふく　か
옷을 사고 싶습니다만….
B: 服を買うなら東大門がいいですよ。
ふく　か　トン デ ムン
옷을 사는 거라면 동대문이 좋아요.

2 **A:** 韓国のお土産を買いたいんですが…。
かんこく　みやげ　か
한국 특산품을 사고 싶습니다만….
B: 韓国のお土産を買うならのりがいいで
かんこく　みやげ　か
すよ。 한국 특산품을 사는 거라면 김이 좋아요.

3 **A:** 遊園地に行きたいんですが…。
ゆうえんち　い
유원지에 가고 싶습니다만….
B: 遊園地に行くならエバーランドがいい
ゆうえんち　い
ですよ。 유원지에 가는 거라면 에버랜드가 좋아요.

4 **A:** 映画を見に行きたいんですが…。
えいが　み　い
영화를 보러 가고 싶습니다만….
B: 映画を見に行くならメガボックスがい
えいが　み　い
いですよ。 영화를 보러 가는 거라면 메가박스가 좋아요.

5 **A:** ソウルの夜景を見たいんですが…。
やけい　み
서울의 야경을 보고 싶습니다만….
B: ソウルの夜景を見るなら南山がいい
やけい　み　ナム サン
ですよ。 서울의 야경을 보는 거라면 남산이 좋아요.

Ⅱ

1 **A:** もうすぐ仕事が終わります。
しごと　お
이제 곧 업무가 끝납니다.
B: 仕事が終わったら、電話してください。
しごと　お　でんわ
업무가 끝나면 전화 주세요.

2 **A:** もうすぐ駅に着きます。
えき　つ
이제 곧 역에 도착합니다.
B: 駅に着いたら、連絡してください。
えき　つ　れんらく
역에 도착하거든 연락해 주세요.

3 **A:** とても眠いです。
ねむ
매우 졸립니다.
B: 眠かったら、コーヒーを飲んでください。
ねむ　の
졸리거든 커피를 마시세요.

4 **A:** 試験も終わって暇です。
しけん　お　ひま
시험도 끝나고 한가합니다.
B: 暇だったら、手伝ってください。
ひま　てつだ
한가하면 도와주세요.

5 **A:** とても重要な話です。
じゅうよう　はなし
매우 중요한 이야기입니다.
B: 重要な話だったら、後で話してください。
じゅうよう　はなし　あと　はな
중요한 이야기라면 나중에 이야기하세요.

Ⅲ

1 **A:** コンピューターを買いたいんですが…。
か
컴퓨터를 사고 싶습니다만….
B: コンピューターを買いたいなら、竜山
か　ヨンサン
に行ったらどうですか。
い
컴퓨터를 사고 싶다면 용산에 가는 게어떨까요?

2 **A:** のんびりしたいんですが…。
여유롭게 쉬고 싶습니다만….
B: のんびりしたいなら、温泉に行ったら
おんせん　い
どうですか。
여유롭게 쉬고 싶다면 온천에 가는 게어떨까요?

3 **A:** 海に行きたいんですが…。
うみ　い
바다에 가고 싶습니다만….
B: 海に行きたいなら、釜山に行ったらど
うみ　い　プ サン　い
うですか。 바다에 가고 싶다면 부산에 가는 게어떨까요?

4 **A:** 山に行きたいんですが…。
やま　い
산에 가고 싶습니다만….
B: 山に行きたいなら、智異山に行ったら
やま　い　チ リ サン　い
どうですか。 산에 가고 싶다면 지리산에 가는 게어떨까요?

5 **A:** ダイエットしたいんですが…。
다이어트하고 싶습니다만….
B: ダイエットしたいなら、毎日運動したら
まいにちうんどう
どうですか。
다이어트하고 싶다면 매일 운동하는 게어떨까요?

LESSON 05
早く病院に行ったらどうですか。

(はや びょういん い)

LET'S TALK

Ⅰ

1 **A:** 服を買いたいんですが…。
옷을 사고 싶습니다만….
B: 服を買うなら東大門がいいですよ。
옷을 사는 거라면 동대문이 좋아요.

2 **A:** 韓国のお土産を買いたいんですが…。
한국 특산품을 사고 싶습니다만….
B: 韓国のお土産を買うならのりがいいですよ。 한국 특산품을 사는 거라면 김이 좋아요.

3 **A:** 遊園地に行きたいんですが…。
유원지에 가고 싶습니다만….
B: 遊園地に行くならエバーランドがいいですよ。 유원지에 가는 거라면 에버랜드가 좋아요.

4 **A:** 映画を見に行きたいんですが…。
영화를 보러 가고 싶습니다만….
B: 映画を見に行くならメガボックスがいいですよ。 영화를 보러 가는 거라면 메가박스가 좋아요.

5 **A:** ソウルの夜景を見たいんですが…。
서울의 야경을 보고 싶습니다만….
B: ソウルの夜景を見るなら南山がいいですよ。 서울의 야경을 보는 거라면 남산이 좋아요.

Ⅱ

1 **A:** もうすぐ仕事が終わります。
이제 곧 업무가 끝납니다.
B: 仕事が終わったら、電話してください。
업무가 끝나면 전화 주세요.

2 **A:** もうすぐ駅に着きます。
이제 곧 역에 도착합니다.
B: 駅に着いたら、連絡してください。
역에 도착하거든 연락해 주세요.

3 **A:** とても眠いです。
매우 졸립니다.
B: 眠かったら、コーヒーを飲んでください。
졸리거든 커피를 마시세요.

4 **A:** 試験も終わって暇です。
시험도 끝나고 한가합니다.
B: 暇だったら、手伝ってください。
한가하면 도와주세요.

5 **A:** とても重要な話です。
매우 중요한 이야기입니다.
B: 重要な話だったら、後で話してください。
중요한 이야기라면 나중에 이야기하세요.

Ⅲ

1 **A:** コンピューターを買いたいんですが…。
컴퓨터를 사고 싶습니다만….
B: コンピューターを買いたいなら、竜山に行ったらどうですか。
컴퓨터를 사고 싶다면 용산에 가는 게어떨까요?

2 **A:** のんびりしたいんですが…。
여유롭게 쉬고 싶습니다만….
B: のんびりしたいなら、温泉に行ったらどうですか。
여유롭게 쉬고 싶다면 온천에 가는 게어떨까요?

3 **A:** 海に行きたいんですが…。
바다에 가고 싶습니다만….
B: 海に行きたいなら、釜山に行ったらどうですか。 바다에 가고 싶다면 부산에 가는 게어떨까요?

4 **A:** 山に行きたいんですが…。
산에 가고 싶습니다만….
B: 山に行きたいなら、智異山に行ったらどうですか。 산에 가고 싶다면 지리산에 가는 게어떨까요?

5 **A:** ダイエットしたいんですが…。
다이어트하고 싶습니다만….
B: ダイエットしたいなら、毎日運動したらどうですか。
다이어트하고 싶다면 매일 운동하는 게어떨까요?

1 今度の土曜日、暇なら映画を見に行きませんか。

2 東京なら行ったことがあります。

3 日本に着いたら連絡してください。

4 よくわからなかったら質問してください。

5 一度会ってみたらどうですか。

LESSON 06
山田さんはいつまで韓国にいる予定ですか。

Ⅰ

1 **A:** 今週末、何をするつもりですか。
　　이번 주말, 무엇을 할 생각입니까?

　B: そうですね。家で休むつもりです。
　　글쎄요. 집에서 쉴 생각입니다.

2 **A:** 連休、何をするつもりですか。
　　연휴에 무엇을 할 생각입니까?

　B: そうですね。旅行に行くつもりです。
　　글쎄요. 여행을 갈 생각입니다.

3 **A:** 夏休み、何をするつもりですか。
　　여름방학에 무엇을 할 생각입니까?

　B: そうですね。アルバイトをするつもりです。 글쎄요. 아르바이트를 할 생각입니다.

4 **A:** 授業が終わってから、何をするつもりですか。 수업이 끝나고 나서 무엇을 할 생각입니까?

　B: そうですね。お茶を飲みに行くつもりです。 글쎄요. 차를 마시러 갈 생각입니다.

5 **A:** 大学を卒業してから、何をするつもりですか。 대학을 졸업하고 나서 무엇을 할 생각입니까?

　B: そうですね。大学院に進学するつもりです。 글쎄요. 대학원에 진학할 생각입니다.

Ⅱ

1 **A:** いつ結婚するつもりですか。
　　언제 결혼할 생각입니까?

　B: 来年結婚しようと思っています。
　　내년에 결혼하려고 생각하고 있습니다.

2 **A:** いつ留学に行くつもりですか。
　　언제 유학 갈 생각입니까?

　B: 再来年留学に行こうと思っています。
　　내후년에 유학 가려고 생각하고 있습니다.

3 **A:** いつ試験を受けるつもりですか。
　　언제 시험을 칠 생각입니까?

　B: 今年試験を受けようと思っています。
　　올해 시험을 치려고 생각하고 있습니다.

4 **A:** いつ引越すつもりですか。
　　언제 이사할 생각입니까?

　B: 再来月引越そうと思っています。
　　다다음 달에 이사하려고 생각하고 있습니다.

Ⅲ

1 **A:** 何のために日本語を勉強しているんですか。 무엇 때문에 일본어를 공부하고 있습니까?

　B: 日本へ旅行に行くために日本語を勉強しています。
　　일본에 여행가기 위해 일본어를 공부하고 있습니다.

2 **A:** 何のために日本語を勉強しているんですか。

　B: ネイティブと日本語で話すために日本語を勉強しています。
　　네이티브와 일본어로 말하기 위해 일본어를 공부하고 있습니다.

3 A: 何のために日本語を勉強しているんですか。

B: 日本へ留学に行くために日本語を勉強しています。
일본에 유학가기 위해 일본어를 공부하고 있습니다.

4 A: 何のために日本語を勉強しているんですか。

B: 就職のために日本語を勉強しています。
취직을 위해 일본어를 공부하고 있습니다.

EXERCISE

1 日本へ留学に行くつもりです。

2 旅行するためにアルバイトをするつもりです。

3 彼女とは二度と会わないつもりです。

4 来週日本へ出張に行く予定です。

5 来月から運動を始めようと思っています。

LESSON 07
今にも雨が降り出しそうですね。

LET'S TALK

I

1 A: Bさん、知っていますか。
B씨, 알고 있습니까?

B: え、何ですか。 예? 뭐죠?

A: 天気予報によると明日は雨だそうです。
일기예보에 따르면 내일은 비가 온다고 합니다.

2 A: Bさん、知っていますか。

B: え、何ですか。

A: 新聞によると物価が上がるそうです。
신문에 따르면 물가가 오른다고 합니다.

3 A: Bさん、知っていますか。

B: え、何ですか。

A: 雑誌によると今年はこのファッションが流行るそうです。
잡지에 따르면 올해는 이 패션이 유행한다고 합니다.

4 A: Bさん、知っていますか。

B: え、何ですか。

A: ニュースによると来年も不景気が続くそうです。
뉴스에 따르면 내년에도 불경기가 계속된다고 합니다.

5 A: Bさん、知っていますか。

B: え、何ですか。

A: 姜さんの話によると学生時代とても人気があったそうです。
강씨의 이야기에 따르면 학창 시절 매우 인기가 있었다고 합니다.

II

1 シャツのボタンが取れそうですよ。
셔츠 단추가 떨어질 것 같아요.

2 キムチが本当に辛そうですよ。
김치가 정말 매울 것 같아요.

3 家が倒れそうですよ。
집이 무너질 것 같아요.

4 ケーキがおいしそうですよ。
케이크가 맛있을 것 같아요.

5 くつがはきやすそうですよ。
구두가 신기 편할 것 같아요.

EXERCISE

1 天気予報によると、今年の冬は暖かいそうです。

2 先生の説明は本当に分かりやすいそうです。

3 彼女は高そうなアクセサリーをしています。

4 なるべく日本語で話すようにしてください。

5 パスポートを忘れ(わす)ないように注意(ちゅうい)してください。

LESSON 08
山田(やまだ)さんはたぶん長生(ながい)きするでしょう。

LET'S TALK

Ⅰ

1 A: 姜(カン)さんが遅(おそ)いですね。
   강 씨가 늦는군요.

   B: そうですね。残業(ざんぎょう)があるかもしれません。
   그렇군요. 야근이 있는지도 모르겠습니다.

2 A: 山田(やまだ)さんが嬉(うれ)しそうですね。
   야마다 씨가 즐거워하는 것 같아요.

   B: そうですね。デートがあるかもしれません。 그렇군요. 데이트가 있는지도 모르겠습니다.

3 A: 田中(たなか)さんが寂(さび)しそうですね。
   다나카 씨가 외로워하는 것 같아요.

   B: そうですね。失恋(しつれん)したかもしれません。
   그렇군요. 실연했는지도 모르겠습니다.

4 A: ナさんが悲(かな)しそうですね。
   나 씨가 슬퍼하는 것 같아요.

   B: そうですね。試験(しけん)に落(お)ちたかもしれません。 그렇군요. 시험에 떨어졌는지도 모르겠습니다.

Ⅱ

1 A: 先生(せんせい)はどんな料理(りょうり)が好(す)きでしょうか。
   선생님은 어떤 요리를 좋아하나요?

   B: そうですね。たぶん日本料理(にほんりょうり)が好(す)きでしょう。 글쎄요. 아마 일본 요리를 좋아할 거예요.

2 A: 中村(なかむら)さんはパーティーに来(く)るでしょうか。
   나카무라 씨는 파티에 올까요?

   B: そうですね。たぶん来(こ)ないでしょう。
   글쎄요. 아마 오지 않을 거예요.

3 A: 今年(ことし)の試験(しけん)は難(むずか)しいでしょうか。
   올해 시험은 어려울까요?

   B: そうですね。たぶんかなり難(むずか)しいでしょう。 글쎄요. 아마 꽤 어려울 거예요.

4 A: 今頃(いまごろ)、日本(にほん)に着(つ)いたでしょうか。
   지금쯤 일본에 도착했을까요?

   B: そうですね。たぶんもう着(つ)いたでしょう。
   글쎄요. 아마 이미 도착했을 거예요.

5 A: あの人(ひと)は誰(だれ)でしょうか。
   저 사람은 누구죠?

   B: そうですね。たぶん姜(カン)さんの友達(ともだち)でしょう。 글쎄요. 아마 강 씨 친구일 거예요.

Ⅲ

1 A: 彼女(かのじょ)は今年(ことし)就職(しゅうしょく)するでしょう。
   그녀는 올해 취직하겠지요?

   B: いいえ、彼女(かのじょ)が今年(ことし)就職(しゅうしょく)するはずがないです。
   아니요, 그녀가 올해 취직할 리가 없습니다.

2 A: 山田(やまだ)さんはナさんと結婚(けっこん)するでしょう。
   야마다 씨는 나 씨와 결혼하겠지요?

   B: いいえ、山田(やまだ)さんがナさんと結婚(けっこん)するはずがないです。
   아니요, 야마다 씨가 나 씨와 결혼할 리가 없습니다.

3 A: 今(いま)、山田(やまだ)さんはお酒(さけ)を飲(の)んでいるでしょう。 지금 야마다 씨는 술을 마시고 있겠지요?

   B: いいえ、山田(やまだ)さんがお酒(さけ)を飲(の)んでいるはずがないです。
   아니요, 야마다 씨가 술을 마시고 있을 리가 없습니다.

4 A: 金(キム)さんは来年(らいねん)会社(かいしゃ)を辞(や)めるでしょう。
   김 씨는 내년에 회사를 그만두겠지요?

   B: いいえ、金(キム)さんが来年(らいねん)会社(かいしゃ)を辞(や)めるはずがないです。
   아니요, 김 씨가 내년에 회사를 그만둘 리가 없습니다.

5 A: あの映画(えいが)は面白(おもしろ)いでしょう。
   저 영화는 재미있겠죠?

   B: いいえ、あの映画(えいが)が面白(おもしろ)いはずがないです。 아니요, 저 영화가 재미있을 리가 없습니다.

EXERCISE

1 先生は大変喜ぶでしょう。

2 今頃友達とお酒を飲んでいるでしょう。

3 明日は休みだから暇でしょう。

4 会議に少し遅れるかもしれません。

5 彼女が知らないはずがないです。

Memo